新教育文库　通识书系

新教育文库·通识书系

智慧行动创造教育幸福

——新教育实验十大行动理论与技巧

童喜喜　著

山西出版传媒集团　山西教育出版社

图书在版编目（CIP）数据

智慧行动创造教育幸福：新教育实验十大行动理论与技巧／童喜喜著. —太原：山西教育出版社，2018.7（2019.4 重印）

ISBN 978-7-5440-9946-2

Ⅰ. ①智… Ⅱ. ①童… Ⅲ. ①教育实验-研究 Ⅳ. G40-034

中国版本图书馆 CIP 数据核字（2018）第 144160 号

智慧行动创造教育幸福——新教育实验十大行动理论与技巧

ZHIHUI XINGDONG CHUANGZAO JIAOYU XINGFU——XINJIAOYU SHIYAN SHIDA XINGDONG LILUN YU JIQIAO

责任编辑 康红刚
复　　审 康　健
终　　审 彭琼梅
装帧设计 王春声　陈　晓
印装监制 蔡　洁

出版发行 山西出版传媒集团·山西教育出版社
（太原市水西门街馒头巷 7 号　电话：0351-4035711　邮编：030002）
印　　装 山西三联印刷厂
开　　本 720×1020　1/16
印　　张 10
字　　数 162 千字
版　　次 2018 年 7 月第 1 版　2019 年 4 月山西第 3 次印刷
书　　号 ISBN 978-7-5440-9946-2
定　　价 35.00 元

共同书写传奇

教育实验是一项细致而长久的工程，需要通过一代人去影响另一代人，不能急于求成，不能故步自封，一定要学会等待，一定要耐得住寂寞。

新教育实验更不例外。

中国教育有许多弊端，但仅仅是怒目金刚式的斥责和鞭挞，虽然痛快却无济于事。对于中国教育而言，最需要的是行动与建设，只有行动与建设，才是真正深刻而富有颠覆性的批判与重构。

新教育实验就是寓重构于行动之中，寓批判于建设之中。

新教育要做的，就是给教师和学生一种幸福完整的教育生活，一个开阔无垠的精神视野，让他们对人的内心的复杂性有更为深切的体验，不但要了解生命的伟大和宇宙的博大，而且要感受生活的丰富与人性的丰厚。

从2000年《我的教育理想》的出版，新教育思想悄然萌芽，到2014年《新教育文库》的第三版重订，此时此刻的中国大地上，2000多所学校的200多万新教育师生，正走在新教育的路上。

以追寻理想的执着精神、深入现场的田野精神、共同生活的合作精神、悲天悯人的公益精神，埋首耕耘，成就我们的人生、我们的教育、我们的民族。这就是新教育精神的本质内涵。

新教育追求高度，但永远不会高高在上；新教育培养卓越的教师，但更关注普通的教师。新教育不是一个精英俱乐部，而是一个宽容开放的团队。新教育始终敞开胸怀，永远等待、拥抱理想主义者。真实的新教育，永远在田野中，在千千万万默默无闻的普通老师的教室里。

新教育人，就是这样一群有着共同梦想，遵守共同标准的志同道合者。彼此为对方的生命祝福，彼此珍惜生命中偶然的相遇，彼此郑重作出承诺，共同创造一间又一间完美的教室，共同书写一篇又一篇生命的传奇。

新教育不求无懈可击的理论体系，而是强调行动起来，在实践中思考，在实践中提升，在实践中成长。帮孩子成为自己，让我们成为自己，一个完整的幸福的自己。我们不是人类文明的创始者，但人类文明可以通过教育的伟大理想穿越时空，通过我们今天的行动变为现实。

当然，我们也知道，只有对新教育的认识从“概念”向“信念”推进，由“理想”转向“思想”引领，激发出人们深沉的情感，执着的意志，从精神世界的积淀表现为主体的自觉行动时，新教育实验才可能真正成为人生力量和教育智慧的策源地。

新教育文库，正是总结、梳理、传播新教育人的所行所思所得的一种努力。无论是经验还是教训，这一路跋涉的足迹，将成为指向明天的路标。

在这套文库中，不同书系有着不同的定位：我们希望用“通识书系”积淀下新教育的根本书籍，介绍新教育的课程与项目；用“中国人阅读书目”书系梳理专业阅读研究成果；用“蒲公英书系”及时总结一线教育经验；用“萤火虫书系”全力搭建家校沟通的平台；用“领读者书系”传播阅读推广人的经验……

我们并不准备用一部部书籍堆砌功名的城堡，但我们盼望这一部部心血凝成、行动书写的图书，能够成为一块块砖石，铺就一条通往彼岸的桥梁。

那么，新教育的彼岸是什么模样？

我想，彼岸是一群又一群长大的孩子，从他们身上能清晰地看到：政治是有理想的，财富是有汗水的，科学是有人性的，享乐是有道德的。

亲爱的新教育同仁，我们正在这条通往彼岸的船上。让我们同心同行，过一种幸福完整的教育生活。

行动，就有收获。

坚持，才有奇迹。

朱永新

于北京滴石斋

她是参与者、反思者、引领者

严文蕃

2004年4月，新教育实验召开了全国教育科学“十五”规划重点课题“新教育理论的实践及推广研究”课题开题会。从那时起，我就走进了新教育实验，持续至今。我认为新教育实验是务实的行动研究，是在行动中进行实践的研究。这个行动，当然就是指新教育实验的“十大行动”。

如果把此前新教育实验十大行动称为1.0版本的话，那么我可以把童喜喜的《智慧行动创造教育幸福——新教育实验十大行动理论与技巧》称为新教育实验十大行动的2.0版本。这本书，是新教育实验十大行动2.0版本的行动指南。童喜喜抓住行动的落实，真正从行动研究的层面上，总结、提升了新教育实验十大行动，非常到位。

首先，《智慧行动创造教育幸福——新教育实验十大行动理论与技巧》这本书摘选了朱永新原著中的定义，清楚地说明每一个行动到底是什么意思，对每个行动进行了界定。其次，在实施行动中，要注意核心内容，同时归纳出多方面的要点。最后，在讲持续性发展的时候，又把要点贯彻到行动中，讲清楚了在每一个层面上应该有哪些策略和技巧，从实际上解决了操作的问题。

那么，2.0版本比1.0版本进步了多少、创新了多少呢？我认为，主要体现在以下几点：

第一，童喜喜把新教育实验的十大行动，提高到更高的层面上来进行解释和推广。

正如童喜喜告诉我的：她一方面是希望帮助人们创造性地开展新教育的十大

行动；另一方面是使这新教育的十大行动成为教育创新的十大行动，和其他类似的行动相比，虽然外形相似，但神韵有所不同。

也就是说，童喜喜现在所讲的十大行动，是创新了的行动。童喜喜的创新，并没有把新教育实验十大行动的理念全部推翻，而是在原有理念的基础上进行的更新，进而更深入地阐述了每个行动。

第二，童喜喜最让我欣赏的是，把新教育的“十大行动”由教室提升到学校，再到区域，让这三者的协同推进行动得到落实。我觉得这是童喜喜最大的一个贡献，这是我最佩服她的地方。

我们讲的教育系统有三个细胞：基层细胞是教室，教室组成了学校，学校之上是区域。实际上，教育的任何一个行动，不是说行动一次就完事了，更重要的是行动必须能可持续发展。任何一个改革，任何一个实验，要做到可持续发展，必须做到这三个层面同时作战。

十大行动先是在教室落地，学校则是推动教室十大行动落地的整合者；但是，要想持续性发展，没有区域的、团队的协同作战，不可能持续性发展，最后还是会变成“游击队”。

星星之火，可以燎原。我们可以讲：现在新教育已经把火燃起来了，而且已经燃遍了全中国。但是，这把火要烧亮、烧透，那就必须有教室、学校和区域这三个层面同时作战，特别是区域方面的协同作战。

《智慧行动创造教育幸福——新教育实验十大行动理论与技巧》中不仅有落实行动的措施，而且还讲到每一个行动都从区域、到学校、再到教室这样从上至下三个层面的落实，这是一个循环的过程，即“区域—学校—教室”之间的循环，等于把整个教育系统所有细胞都顾及到了。

第三，标题画龙点睛，实质分析透彻。童喜喜在讲述每一个行动的时候，不仅在标题上有十大行动的名称，在行文中有“行动定义”，更是保持了新教育十大行动的原汁原味，而且在标题的名称后进行了生动形象的解释。这不正是画龙点睛的一笔吗？

比如“聆听窗外声音——讲座，搅动一池春水”，用一个非常简单的词语，就把“聆听窗外声音”的实质给说明了。童喜喜就是这样用自己非常浑厚的文学功底，把新教育的一个个概念，点缀、打扮，强化了注释，帮助人们更深入透彻地理解十大行动的理念。

童喜喜做的这个“画龙点睛”的工作非常有意义。我觉得像新教育实验这样全国范围内大规模的实践活动，必须要有一个人做这种工作：把新教育的每一个行动的实质，都用简明扼要的、经典的、准确的语言讲清楚。

这样的工作，童喜喜做到了。她就是这样一个点明新教育十大行动实质的人。童喜喜不仅准确地掌握了十大行动，而且表达得非常清晰、透彻。每一个行动的实质讲清楚了，新教育的概念框架也就非常清楚了。我真觉得不管什么东西到童喜喜的手里，她都总结得非常好。

我觉得新教育拥有像童喜喜这样的人员是非常好的。她不仅是热心的参与者，还是一个引领者，更重要的是一个自觉的反思者。如果让我评价童喜喜的话，我应该说童喜喜是新教育的一个大英雄。说她是新教育的大英雄，是因为她是一个参与者、反思者、引领者。她不停地在行动中进行反思，再加以提炼。这本书实际上就是她提炼出来的成果。这个成果能起到一个引领的作用。她的引领作用就是不断地创新。就像她写这本书时，能更上一层楼地提炼和总结新教育的十大行动。这也是为什么我把这本书称为新教育十大行动2.0版本的原因。

童喜喜是一个文学家，我一直认为她和她写的童话一样，有着天真活泼、阳光向上的一面。实际上，现在的她自己更像阳光，洒向整个大地，给教育带来了春天的气息。

童喜喜确实是给新教育带来了很多春天的气息。我相信，只要童喜喜这样不断地参与、反思与引领下去，她还会给中国教育带来春天的气息。

（本文作者系美国波士顿麻州大学教育领导学系系主任、终身教授、美国教育研究会国家数据库研究小组主席、中国教育三十人论坛成员）

点亮心灵之火，照亮前行之路

陈东强

从2004年与新教育相遇，算起来已有十多个年头了。岁月荏苒，新教育团队的同仁给我带来了太多的生命感动。童喜喜老师是其中最特殊的一个。

前几天喜喜老师给我发了一份邮件，同时抄送蓝玫、飓风两位老师，希望我答应帮助她一件事，并请二位老师一同见证。虽还不知何事，稍思随即回复："相遇至今，我记忆中好像没有不听指挥不帮忙的时候吧。招之即来，挥之即去。这既是幽默玩笑话，更是内心对您尊敬的一种表达。还是那句话：有事尽管吩咐，我会用心尽力的。她们俩一直是见证者。"

无论如何都没想到，她要我帮忙的事情，竟然是给她的这本——《智慧行动创造教育幸福——新教育实验十大行动理论与技巧》写序。

面对她不容置疑的邀约，我第一个念头就是，实不敢当，感谢厚爱，恕难从命。因为自从我退居二线，加入新教育团队那天起，我就已经给自己明确定位八个字：聆听、发现、分享、服务。每每与新教育实验区校座谈时都首先声明，我是新教育的常务服务员，不是专家，是为专家服务的。这绝不是故作谦虚姿态，因为深知自己才疏学浅，从内心非常乐意为新教育做点小事情，底线是尽力添砖瓦，帮忙不添乱。但写序的事情，面对她的期待和蓝玫的劝说，我终究没了继续坚持"拒绝"的勇气，最终还是在忐忑不安中答应了她的"厚爱"。

我特别敬重喜喜老师。她是一个只比我女儿大两岁的年轻有为的80后儿童文学作家。从网上了解到她已有《嘭嘭嘭》《网侠龙天天》《百变王卡卡》等一系列儿童文学作品并且深受读者喜爱，又是中国作协会员、奥运火炬手，还有十多部作品十余次荣获国家级奖励时，很是惊奇，钦佩和惭愧之心便油然而生。

然而，她令我更加敬佩的是她作为新教育专职义工时的作为。她从2009年新教育海门年会与新教育结缘开始，一路走来，为新教育热情呼喊，无私奉献，与新教育同呼吸共命运，书写了太多的生命传奇故事。

我一直认为，她是一个靠作品说话的人。从专著《那些新教育的花儿》到主编《这一群有种的教师》；从她的理论著作《喜阅读出好孩子》到儿童文学作品《新教育的一年级》；从负责新教育研究院杂志《教育 读写生活》的创刊主编，到《新教育晨诵》系列读本的领衔编著；她为新教育留下了上千万字的作品。

她是一个用行动说话的人。这些年她负责新教育新父母研究所、新教育种子计划、萤火虫亲子共读项目、新教育网络师范学院、领读者大会等工作，团队由小到大，由弱到强，几十个萤火虫分站、几百名种子教师、几千名阅读推广公益志愿者遍布全国各地，工作成果有目共睹，有口皆碑。

她是一个知行合一的人。且不说每年参与新教育重要文章的起草修订，也不说每年到新教育实验区校无数场的培训讲座，仅首届“新孩子乡村阅读公益行”一项，她只身一人用不到一年的时间，走了全国大江南北所有省份的100所乡村学校，送书1000万码洋，免费讲座196场，行程十几万公里。

她是一个乐于成人之美的人。受她的影响，一批新教育种子教师、萤火虫义工茁壮成长。

她是一个为新教育拼命做事的人。连续作战，通宵鏖战，废寝忘食是家常便饭。

她是一个极具幽默智慧、纯真可爱、童心飞扬的人。表面嘻嘻哈哈，内心善良丰富，常常妙语如珠，谈笑间可以搞定诸事。

她也是一个与我有着诸多深度交往的人。她的许多为新教育拼命做事的酸甜苦辣，泪眼欢笑，我都在场见证。

她的这本《智慧行动创造教育幸福——新教育实验十大行动理论与技巧》图书，是我没有想到的。我根本没有想到，她会在完成新教育一个接一个或安排或自选的任务当中，在每年都会有新的儿童文学新作品问世的同时，她会写出这本意料之外、情理之中、浓缩版的新教育实验操作手册。

读这本书，让我想到了道与术的关系。老子说：“有道无术，术尚可求也。有术无道，止于术。”庄子说：“以道驭术，术必成。离道之术，术必衰。”《孙子兵法》说：“道为术之灵，术为道之体；以道统术，以术得道。”俗话说，有道无术是纸上谈兵，有术无道是盲人摸象。道是思想，术是方法，道术合二为一，才是正道。

新教育实验的核心理念——过一种幸福完整的教育生活，让师生与人类伟大的精神对话，无限相信师生的生命潜力，教给学生一生有用的东西……乃是新教育的方向大道。技巧属于方法的范畴，这本书讲述了新教育实验十大行动的技巧，也可以说是方法和术的范畴。方向与方法，道与术，不可偏废，相得益彰。新教育实验区校老师在实践过程中，既要脚踏实地千方百计，又要注意经常仰望星空。因为你的道决定了你走什么路，你的术会让你在这条路上走得更远。

我作为一个曾经多年在教育一线摸爬滚打的新教育追梦者，作为一个在全国新教育实验区走访最多的新教育常务服务员，作为一个新教育的日常守望者（《守望新教育》微信公众号的编辑推送者），我认为该书有四个特点。

一是内容全面。新教育是什么，为什么，怎么做，此书阐述明了。十大行动，逐个解读，一项不落。区域学校，教师家长，各个层面，可以各取所需。

二是操作性强。新教育的核心理念确定了新教育的方向，践行新教育的方法对新教育落地生根来说至关重要。做正确的事和正确地做事，可以事半功倍，否则难免事倍功半。该书从新教育的一线提炼了丰富的、极具操作性的行动方法或策略，必定会帮助新教育人在推广新教育中提高效率，减少失误，少走弯路，获益增多。

三是读来有趣。作为儿童文学作家，喜喜老师文如其人，寓理于乐，寓情于教，妙趣横生。该书中，实践新教育十大行动的各路大法、神拳妙招、智慧秘籍，各显其灵，层出不穷。

四是富于创造。此书是新教育第一本全面介绍新教育十大行动的书籍，也是第一个面对新教育实验区校的解疑释惑之作。每个行动的解读中，每个层面的回应中，每个问题瓶颈的分析中，都包含了作者对新教育十大行动内涵的细心梳理与真知灼见。一册在手，既可借智生才，借力发展，更能借梯上楼，借船出海。

先读为快，深受启发。与新教育这么多年的“编织”中，我经常会因新教育人的创造而心生感慨。我觉得，正如朱老师所言，“新教育的大厦依然在建设中”，但新教育已经有了足以支撑支持一个区域、一个学校、一个教师发展的理论成果和实践经验。新教育既是由朱老师发起的、新教育同仁共同推动的一场充满激情、有着共同目标和方向的教育改革运动，更是新教育人在生养自己的热土上用自己的生命创造出来的属于自己的传奇故事。新教育就是让教育与美好相遇，让学校成为美好事物汇聚的地方，让每个孩子都站在美好事物的中央，新教育就是把真教育、好教育、新教育的美好在自己的生命里活出来。

在新教育实验中，我深深感到，相遇是一个缘分，相信是一种力量，开放是一种选择，专注是一种智慧，完整是一种境界。真心做真的新教育会真的不一样。真正做好新教育，需要特别注意学习、结合、开放、专注、坚持。只有真正地学习新教育，才能真正走进新教育。只有把新教育的核心理念、丰硕成果与本地实际相结合，有效有机地整合融合，才能真正做好新教育。只要不断地走出去，请进来，善于在开放中学习，在实践中开放，就必然会与更多美好的新教育实践相遇。只要专注聚焦、始终如一，“上了路，天天走”，就一定会遇到隆重的庆典。一句话：只要信心不滑坡，办法总比困难多。

喜喜老师有一句新教育人都耳熟能详的名言，“心为火种，生生不息，点亮自己，照亮他人”。相信喜喜老师的这本书会和她之前所有的倾心之作一样，点亮更多新教育人的心灵之火，照亮更多新教育人的前行道路。我会继续努力向她学习，也由衷地祝福她继续“赐时光以光芒”，为新教育实验做出更大的贡献。

2017 年 7 月 3 日

（作者系新教育研究院常务副院长、新教育理事会副理事长）

行动，教育创新之道

童喜喜

中国是一个大国，正处于蓬勃向上、日新月异的新时代，所有教育中的有志之士、有识之士，无不希望以自身的努力，助力于祖国，推动时代的发展。

人本主义，是一种在信息时代的科技进步中得到迅猛发展的学说。在以“十年树木，百年树人”为使命的教育中，更是自始至终备受关注和青睐。

人本主义并不是万能的。简单的人本主义，很容易滑落绝对自由主义、个人英雄主义的窠臼。

但是，如果一个人既有觉醒的自我，同时还有不断拓展的自我、不断突破的自我，不断超越的自我，那么，这种人本精神，将突破个人英雄主义、绝对自由主义的窠臼，形成一种新的精神图腾。我曾经用一句话和一幅图概括：人是同心圆。

近十年来，在我对一线教育工作者的持续观察中，发现这种人本主义精神，在当下中国的一群教育行动者身上，已经有所萌芽。在这颗嫩芽上生长的，是新的希望。

沸腾的中国，历经数十年经济的腾飞之后，正在以文化回应着精神的崛起。在这场文化觉醒中，教育承担着重任。无数教育流派也在这样的时代需求中，不断地探索创新，自我突破，自我超越。

新教育实验，是这支教育创新大军中的一员，也是其中的佼佼者。

以教师成长为起点，是新教育实验旗帜鲜明地提出的基本观点之一。因此，相较于其他教育流派而言，在逻辑的起点上，就决定了这一教育探索的人本主义特征格外鲜明，格外强烈。

人本主义特征在新教育实验推进的过程中，呈现出许多特点。其中有一点一直被外界好奇：从新教育实验中走出来的优秀个体，显得特别多。

2015 年 6 月，中国教育学会主办的《未来教育家》杂志以《新教育：让教师的光芒灿若明星》为封面主题，对一批新教育教师进行了专辑报道。杂志总编、中国教育学会常务副会长刘堂江先生为此专辑撰文《点燃教师以教育家情怀育人的圣火》，文中称："一位普普通通、平平凡凡的老师加入了新教育，他（她）就会变得信心满满，激情满满；智慧多多，幸福多多；乐此不疲，乐而忘返……"并用"师本之光""理想之光""生命之光""崇高之光""阅读之光""行动之光""共同之光""团队之光"概括和总结其根本原因。

的确，从某种意义上可以说，一个区域，是一位局长或负责人的人本主义推进新教育实验的；一所学校，是一位校长的人本主义推进新教育实验的；一间教室，是一位教师的人本主义推进新教育实验的，推进的目标对象是全班的学生，惠及全班几十个家庭——这样的行动，促使了新教育实验在推进的过程中，口口相传，靠口碑得到越来越多人的欣赏。

可是，人本主义最大的弱点，造成了发展必然是匀速甚至缓慢的，由人本精神进行的辐射，不可能是一个快速到位的过程。

从语言到行动落实的过程，因现实生活里各种不同的精神并存，尤其是具体而繁重的教育工作，不可能只靠一种精神推动。这就意味着无论局长、校长，还是老师，都会在教育创新行动中，遭遇不同的挑战。

这些年，我通过 900 多场教育讲座，一次又一次走进教育一线，我通过亲自负责的数个教育公益项目，走进了数十个区域、数百所学校、近百间教室，很容易地得知数万父母的受教育情况，我亲眼见证了教育创新中成绩的显著、行动的艰难。我也越来越意识到，无论从区域、学校、教室哪个层面，在教育创新的工作推进中，都必须在执着中倾注智慧，才能真正推动。否则，在教育上雷厉风行的推动，梦想与现实中缺乏智慧为润滑剂，最后往往欲速而不达。

以新教育实验为例：当新教育在人们口碑相传中被越来越多的人接受的时候，也是新教育实验越来越遭受挑战之际。通过十几年的践行，新教育实验提炼出“十大行动”，指出了教育中阅读、写作、活动、口才、课堂、网络、习惯、教室、课程、家校等十个绕不过去的重大问题。越大的规模，就意味着需要精耕细作的土地越是广阔。如何夯实人本主义基础？如何结合各地各人的不同现状进行提升？这些都是难以回答更难以践行的问题。

难，才需要创新。创新，就特别需要智慧。

十个手指有长短。同样的工作计划，落实下去更会有不同的结果。尤其是教育工作，是在已有的现实基础上向前推进。不同地区的教育基础不同，同一地区不同年代的具体背景又不同，就更容易产生形形色色的困难。

困难，是所有教育工作必然会遭遇的。因为，教育的知行合一特性，注定了教育本身就是一份把理想转换为行动的工作。

那么，教育创新，则意味着走一条很少有人走的路，路上风光更独特，困难当然会更常见。

顽强者攻克了困难，自然就获得了提升。也有些一时间无力攻克难关的，就会产生困惑。还有一些已经取得相当成绩的，也会对如何进一步发展感到迷惘，由此陷入瓶颈状态。

本书试图以新教育实验十大行动为例，通过解析十大行动，进一步深化和创新行动所需要强调的各个方面，勾勒从区域、学校、教室三个不同层面的落实方法，对教育创新提供一点参考，由己及人，以行践言，让我们的教育创新之道，更为开阔。

目录

行动一：

营造书香校园

——阅读，筑造精神家园

行动定义

营造书香校园，通过创设浓郁的阅读氛围，整合丰富的阅读资源，开展多彩的读书活动，让阅读成为师生最日常的生活方式，进而推动书香社会的形成。

——摘自《中国新教育》

一、要点解析

有路，才能为后来者提供失败的教训或成功的经验。

踩不出脚印，再多人走也无法形成路。

曾经，新教育将“书香校园”这一概念放在行动之首。推广十余年后，这一概念已基本成为全社会的共识。如今，“书香校园”有何内涵？新教育实验的书香校园和其他非新教育实验的书香校园建设有何不同？这是必须深入下去，细致研究和梳理的问题。

在阅读基本上已经成为全民共识的背景下，学校推动阅读，教师推动阅读，也就变得越来越得心应手。书香校园的建设也逐渐被提上了越来越重要的位置。

营造书香校园，新教育实验从开始就把它列为第一大行动。说新教育实验是以营造书香校园为基础的一种教育改革，丝毫不为过。现在已经无法考证是谁第一个提出“书香校园”的称呼。但是，从已有的资料显示，在把“营造书香校园”这一组词变成全民共识的过程中，新教育实验肯定功不可没。

在新的背景、新的起点下，进一步在“营造书香校园”上创新，应该具备以下几点。

第一，人员上，强调全员共读，以共读搭建心桥

新教育实验强调多方进行共读，以搭建阅读的心桥。多方指的是学校、家庭、相关的社区，在这样的构成中，无论是教师、学生、家长，还是教育工作管理者，都能够进行一些关键书籍的共同阅读以及都能够将阅读作为生活方式。在不同的领域进行跟自己相关的阅读，从而能够营造出一个“人人阅读，全民阅读”的氛围。

在这里，我们还必须强调“共读”这个词。

共读，并不是人们理解的抹杀个性的千人一面，恰恰相反，共读，是丰富个性，朝向完整，从而赢得个体的幸福，并且全员共同创造幸福的一种方式方法，而且是一种经过实践之后，特别有效的方式方法。

为什么共读会有这样的效果呢？我们必须对阅读有所认识。阅读并不是读同样的作品，就一定会读出某一种相同的含义，因为人们常说一句话，叫“一千个读者眼里有一千个哈姆雷特”。

为什么会产生这样的局面呢？那是因为，阅读其实是将图书作为原材料，再结合自己的人生经历，共同建构出的一个自我意识中对世界的认识。也就是说，当我们有一千个人来读《哈姆雷特》的时候，就意味着有一千种不同的解释；当我们共同阅读之后，并且就我们这些不同的解释，互相交流探讨，互相取长补短，就必然会有更加丰富的个性。

同时，这样的一种人人解读结合在一起，当然就会有着阅读上更为完整的解释。

这样的全员共读，还包括有分科、分年龄、分阶段等方式的共同体建设。

在这样的阅读过程中，每一个个体都感受到幸福，从而使幸福在相互之间流淌激荡，也就能够创造更多的幸福。

第二，图书上，强调选择图书的阶梯性，在确保兴趣的基础上，不断自我挑战

我们也强调阅读经典，但是，从阅读研究来说，必须注意的是，哪怕在经典中也有适合人员的不同、适合年龄的不同、适合口味的不同。所以在图书选择和配备上我们要强调确保读者的兴趣，用阶梯式的阅读方法，一步又一步地向着一个更高、更远的阅读目的进行攀登，在攀登的过程中不断挑战自我的阅读舒适区，不断提升自我。

这样的图书选择就意味着，我们在图书的配备上，针对父母、老师、孩子等，应该有一些不同。应该有适合各种年龄、各种职业、各种身份、各种需求的更为丰富多彩的图书。

第三，环境上，强调营造小规模、多场所，便于随时随地阅读

现在经济发达了，各种物质的配备也越来越容易。所以，校园环境建设是很多学校不断用心打造的一个最明显的方面。

我们应该特别强调小范围的环境，即随时随地能够便于阅读的、在身边就有的阅读场所。所以，在建设学校图书馆的时候，我们可能更希望的是能够把图书分散开放到各个教室里。在教室的时候，我们可能更希望能够把图书分散为流动的书包，由孩子们每天随身携带。

比如，在图书管理上，我们也希望能够在各种会议室等不同的场所建立不同的阅读环境，以这种方式让图书存在于人们的身边。

随时随地能够拿到理想的图书的环境，就是最好的阅读环境，而不是强调桌椅有多么高档，书架有多么美观。其他的环境只是硬件，真正的环境永远是用心配备的优质图书形成的环境。

第四，管理上，强调学生自治，信任为先

管理上，我们当然需要从学校层面做顶层设计，架构分层推进，落实责任制，提供切实的抓手。

但是，我们缺乏专业的图书馆管理员，这是阅读工作中一个重大的缺憾，也是难以一时弥补的缺憾。在国外，图书馆管理员是一个非常被人敬重的职位，有许多阅读推广人，甚至许多作家，他们都是图书馆管理员出身；并且在许多官方的图书评选中，图书馆管理员都是被各方信任的评委，他们能够结合读者的喜好，结合图书的品质进行公正公平的推荐。在中国，由于这样的专业人员比较少，尤其在工作中，就连单独选派专门的管理人员都难以实现，所以在阅读管理上，我们特别强调学生的自治。

强调学生的自治，就是要充分给予学生信任。组织学生进行竞选，成立各种社团，从学校到班级都可以让学生自己对阅读的图书——无论是借阅的还是举办相关活动的——进行管理。

第五，内容上，一方面强调共同的阅读主题，进行深入碰撞；另一方面强调个性化自由阅读，尊重个体的差异。同时，要强调知行合一，注重与日常生活相结合

阅读的内容其实是我们新教育实践中特别重要的一个部分，而在一般的阅读活动中，是很难显示出这样绝对的分量的。

所谓教育，从某种意义上说就是一种阅读。

营造书香校园在内容上，一方面要强调阅读的主题。在围绕主题进行阅读中，要进行深入的研讨，广泛地交流，从而能够把阅读与思维训练相结合，更好地把阅读中形成的品质更为直接地运用到教育教学之中，运用到学生的学习之中。

营造书香校园在内容上，另一方面需要注重与日常生活相结合，即希望能够达成阅读中的知行合一。一旦把阅读中所学到的知识尽快地运用到生活中，或者将日常生活中所疑惑的，尽快从阅读中得到解答，就会促进阅读与实际生活运用的结合，这是促使阅读更加有效的最简便、也是最好的方法。

营造书香校园在内容上，还需要注意的是，每个人在阅读中都有不一样的口味，所以我们共同阅读的是经典性的作品，这需要我们对这些作品不断地思考、研讨、理解。与此同时，在这样的基础上，我们一定要有可以自主阅读、自由阅读的更加丰富、更加有个性化的作品，这样的阅读是尊重个体生命差异的，更能显示出阅读对于个性成长的作用。

第六，评价上，重过程不重定性评价，重思考不重标准答案，重数量与品质的结合

我们要重视阅读的过程，轻视阅读结果的几星级的评比。

我们要重视阅读思维的培养，降低最后给予规范的答案的重要性。

我们要重视在阅读之中数量与品质的结合。追求数量，是因为要有一定的数量才能够形成阅读的良好习惯，有一定数量的积累才能达到质的飞跃。但是如果读的是品质不高，甚至是品质低劣的作品，那么这样的习惯的养成是一个巨大的悲哀。

同时，在品质上，应该保证适当的、不同类别的阅读内容的结合，比如科学和人文的结合，比如现代和古代的结合等等。

在这样的结合中，要确保阅读内容在一定的品质之上，只有这样才能够从阅读内容的数量和品质上共同促进阅读能力的提升。

二、区域推进技巧

从区域层面怎样推动阅读呢？

参照上述的种种描述，优秀的新教育实验者们，已经创造出许多具有新教育特点的一些阅读方式方法。

我也思考和收集了一些方法，整理如下。

第一，以毒攻毒考试法

应试教育这种方式是特别受人批判的一种方式。但是，书面考试之所以在这样的批判下仍然风行一时，恰恰就因为这是一种简单、便捷且成本较低就能够进行一番检查的方法。

同理，在区域阅读推进的过程中，有一种最为简单，也是立竿见影的方法，就是考试法。这种方法要求把课外阅读的内容纳入考试范围中。

阅读考试，并不是指为课外阅读进行专门的考试。恰恰相反，是在每一次统一考试的时候，出相应的五分到十分的课外阅读内容的题目，提前把这些内容所涉及的图书公布给所在区域里的学校，然后再在各种各样的统一考试中，把这些内容提炼出来，作为考试题。这种方法可以在最短的时间内，最快地让学校把这些课外阅读的图书纳入向学生、向老师推荐和要求的阅读书目中。这种方法简单、明确、有效，是一种好用也管用的方法。

这样的方法也有其弊端，那就是因为简单、粗暴，在推动阅读的过程中很难让所有人感受到阅读的愉悦性，更难以让人真正把阅读作为其内在的喜爱的生活习惯而坚持不懈地自主、自发、自觉地进行下去。

所以，在运用以毒攻毒考试法的时候，常容易把这种做法变成另外的一种应试考试，为了应付外来的压力来读这些课外读物，而不是因为内在的动力来读这些课外读物，这就是以毒攻毒考试法的弊端。因此，这种方法，尽管可以使用，因为它的确有用，但也不能只用这个方法。因为只用这个方法的话，它的副作用可能和它所起到的正面引导作用差不多。因此，我们需要用其他方法来弥补这个方法的不足。

第二， 人见人爱表彰法

和第一种方法不同，第二种表彰的方法是大部分人都喜欢的。从表彰的类型上看，我们可以进行不同人群的划分：比如表彰学生，表彰那些读得最好的学生、读得最多的学生、读出来最有成效的学生；比如表彰老师，表彰那些坚持阅读的老师，表彰在某一门类阅读并且能够进行研发的老师，表彰把阅读的收获运用到学生中、能够产生教育成效的老师；比如表彰校长，表彰以身作则特别热爱读书的校长，表彰精心营造校园的环境、能够让全校师生都爱读书的校长，表彰克服了重重困难、能够改变学校阅读面貌的校长。我们还可以表彰学生父母，以榜样父母或者书香家庭的名义进行表彰，这是在我们的表彰中，容易忽视的一个群体，同时也是特别需要注意的一个群体。因为一个区域，如果能够真正做到学生父母支持阅读，那么这个区域将会在教育上获得无穷无尽的能量，将会突破其他所有的阻碍、所有不利的因素，勇往直前。

分不同群体的表彰，在表彰的时候，既要注意表彰的形式，更要特别注意表彰的效果。也就是说，表彰不是仅仅发几张奖状就完事了。发几张奖状本身的确是一种表彰，却不能够起到应有的效果。我们在阅读上所做的表彰，应该起到两种效果，第一种是激发荣誉感，让每个赢得荣誉的人都以阅读为荣，以不阅读为耻。第二种效果就是要靠表彰中的叙事，传播阅读的方法，传播阅读的理念。

所以，我们特别希望在表彰的时候，第一要有颁奖词，概括受到表彰的人所取得的成绩——这样的颁奖词其实稍微用一点心，就可以给当事人一次心灵的洗涤，从而在当事人的心中留下深刻的印象。

在表彰活动的时候，一定要邀请受表彰人走到台上去进行叙事，讲述自己阅读方面的故事。在讲述时，阅读的理念和方法以及推荐的优秀书目都会不知不觉地蕴含在其中。这样的做法一旦实施，阅读的理念、方法及推荐的优秀书目就能够随着这个人的事例进行传播，其结果也就比利用行政力量传播要方便得多，要快捷得多，效果还要好得多。

当然，在表彰的时候也不是每一个人都必须有颁奖词、都必须进行叙事。我们可以根据活动的情况、时间的长短，进行适当地取舍。但是不论怎样，不论哪一次表彰——是以扩大一个面，关照更多的人，还是围绕树立一个很好的榜样只选取最少的人，都有一个特点，那就是要把少部分人进行颁奖词和叙事的表彰，也只有这样才能在阅读推广上取得较好的成果。

第三， 深入一线抽查法

如果说表彰是为了拔出榜样，那么抽查就是为了确保底线，只要愿意，抽查阅读是最简单的一种方法，根本不需要学校做任何准备，甚至根本不需要老师提交任何材料，非常简单，只需要做到“望”“闻”“问”“切”四点就行。

第一点，“望”。走进一所学校去看一看，看看学校图书馆里摆放的书是新的，还是旧的；看看那些书是一直在那里，还是隔三岔五就消失了……这一“望”就知道了那些书是否走进了学生的书包，学生是否真正进行阅读。

第二点，“闻”。走在一个校园里，去听听人们谈论什么，是否会听到交流图书，是否会听到老师讨论相关的阅读情况……听到的结果，比请学校提交资料检查来的效果要直接得多。

第三点，“问”。就是问问题。怎么问呢？在任何场合下都可以找到学生、老师、父母，以不经意的方式来询问对方最近读了什么书，最近参加了什么阅读活动，学校这一段时间阅读活动进行得怎样……在一种自然状态下的询问，尤其是对孩子的询问，特别容易了解到真实的情况。

第四点，“切”。这在阅读检查中，指的就是摸清情况，提出解决方案。具体来说就是和一所学校具体负责的相关专业人员进行当面的探讨。探讨时，可以先听对方的汇报交流，然后围绕着“望”“闻”“问”三个方面发现的问题互相沟通，请对方说出自己的难点、自己的困惑、自己的问题，然后由检查者提供相应的一些方法，与被检查者探讨解决问题的方法，达成共识，改进方法，提高推动阅读的效率。

这样的抽查，随时随地都可以进行，甚至在一些活动的现场就可以通过简短的对话，进行“望”“闻”“问”“切”。这四种方法既可以综合起来使用，也可以分别使用。

深入一线抽查法的效果不仅仅是抽查，而是真正深入到教育的一线中，能够更广泛、更深入地推动营造书香校园。

第四， 欢天喜地活动法

顺其自然地推动阅读活动是实现有效阅读的较好方法。

现在关于阅读的活动非常多，甚至在影视中也能够看到类似的活动，比如朗读者，比如辩论赛，比如赛诗会，等等。所有关于阅读的活动，只要举办，就能够在短时间内促进阅读工作的进行。

在阅读活动中，需要坚持全员参与的原则。不要为了活动表面的效果，而放弃某一个甚至是某一类孩子或者父母以及老师的参与。阅读是一个自然而然地滋养人生的过程，我们可以不为那些特殊的人群多做一些事，但是我们在做阅读活动中，能够把他们保留在正常的队伍里，本身就是教育。这其实也是教育中最简单的“良心”。

第五， 社团共读法

前面的方式方法都简便易行，但成立社团共读则是有点麻烦，因为成立社团是一件非常烦琐的事情。一旦成立社团，就意味着我们应该为此制定相关的规章制度，提供相应的工作方法，准备相关的图书，等等。但是，社团共读法，却是一种最深入有效、最能在长久坚持之后，能够作为一个区域内人们的一种思想交流方式的有效阅读方法。

围绕着不同的主题成立读书会，做起来尽管需要一定的时间、精力，但是一旦真正地进行下去、坚持下去，就能够真正地在本地区推出真正的有着阅读生活方式的并能以阅读创造生活的一线榜样。这样的阅读、这样的共读，可以从一个区域中选拔出来具备相应才能、有较大才华的一群人。

共读，让一群人以平等的方式共同学习和研讨，有助于激发更多的智慧。不管他们是学校的管理者，还是一线的老师，或者是普通的父母，只要这样进行共读，就必然会在共读的过程中产生思想的交流，这样的思想交流就必然会相互促进和有所启发。

所以，有的地区，以校长俱乐部的方式把校长聚集在一起；有的地区，以某某教师读书会的方式，把教师聚集在一起；也有的地区，以萤火虫工作站的方式，把学生父母聚集在一起……这样的一些社团，能够弥补行政手段带有的一些缺憾。这样就从教育实践中，协助了行政组织，为行政推动阅读起到极大的支持作用，从而能够在较长的时间内取得较广泛的阅读成果。

我们特别呼吁，在进行区域性的教育创新时，能够真正地把营造书香校园放在第一大行动中，真正用心去推动。因为这种行动取得的效果不仅仅是能提高教学成绩，更是可以真正地实现以学校为文化中心，立足于教育改良社会，在最短的时间内改变一个地区的文化氛围，改变一个地区人们的精神风貌。

三、学校推进技巧

在阅读推广上，区域层面的一些做法，学校完全可以借鉴。只是因为区域和学校的不同，在推动阅读的过程中，学校应该注意尽量避免对教师、父母的硬性规定，而更多以榜样引领、活动吸引、亲子助力等方式，才能在前进的过程中，让阻力更小。

在阅读推广的过程中，最难开展的工作是学校层面的工作。因为学校层面的工作既没有区域那么大的资源，又比老师开展阅读推广面临着更为复杂的人群。同时想进行阅读推广工作的学校，是真正想振奋校风校貌、不断在已有的基础上继续提高的学校。

学校应该注意，对教师和家长来说，区域只是一个范围较大的松散体，学校却是一个人们朝夕相处的实体。

在学校层面的阅读推广上，需要更多的方法和技巧。有的校长自身热爱阅读，但如果缺少了适当的方法技巧，也很难得到老师们的认可与真心地追随；有的校长自身对阅读可能就没有太多兴趣，或者因为事务繁忙总是抽不出阅读的时间，这样的校长在开展阅读推广工作时，就会遇到更多的阻碍、更多的难题。

每位校长都有一些推动阅读的方法，但并不需要每一位校长都是一位疯狂的阅读爱好者。鉴于书香校园的开展，我接下来会有专门的著作来展开论述，在这里只从教师、学生、父母三个层面来简单分享六个办法。

第一， 教师阅读之主动分享法

所谓主动分享，就是由校长或者由学校制定相关的分享制度，请老师们主动进行分享。

焦作市的薛志芳校长，他就每天都会给全校的教师，甚至是自己在微信上与网友们分享一句自己摘录的教育方面的名人名言。这些名人名言之所以能够被摘录下来，通常都是最为精华的教育思想或观点，在天长日久的积累中，相关人员本身也获得了不小的收获。同时，这样不断坚持和摘录分享，本身就是在营造阅读的氛围——营造一种书香的氛围。当我们的生活弥漫着书香的时候，阅读也就变成了一种生活方式。

庆阳有一所学校，地处偏僻，教师的文化程度不高，而且年龄偏大，就在这样的不利情况下，校长想出了一个方法，提倡大家分享文章。

开始的时候，希望大家分享的文章甚至都没有要求专门针对教育的，而是所有老师不管是在哪儿读到了让自己有所触动的文章，就可以加一两句评语，发给学校负责管理这件事的人。负责人将会甄选这些推荐的文章，觉得可以推荐的，就复印下来，与全校的老师共同分享阅读。

首先，这样的分享，在不知不觉中，激发起了教师的阅读兴趣。因为人都是有自尊心的，也都有向上向善的本性，只是常常被更多的事情所拖累，所以这么简单的一个工作，只需要自己加一两句推荐语就可以完成的时候，很多老师都纷纷参与了进来。其次，因为没有强调老师要推荐教育类的文章，老师在推荐文章的时候题材更为丰富，而老师和老师之间本身就有相当的共同语言。这样丰富的题材也吸引了大家对阅读的兴趣，从而逐渐地提高了阅读的能力。

在这样的过程中，从非教育文章的选入，到集中于专业教育类的文章；从一般的讲述现实生活、现实教育、生活中的问题入手的文章，渐渐到经典名著类的短篇文章，这样的分享逐渐形成一个梯子，也就从短的文章变成了长的书籍，从浅显易懂的书籍，变成分享经典名著的教育书籍。这样一个循序渐进的梯子，就让主动分享成为一个带领全校阅读的路径。

这些都是有路可走的阅读方法。

第二， 教师阅读之分头共读法

所谓分头共读，就是针对一本教育名著，把它分为若干个章节，由全校不同的老师针对各个章节进行阅读，并且在集体的分享中，每个人提炼出自己负责的那一个章节里最有效的、最有用的信息，跟大家进行分享和交流。这样的阅读方法，可以让教师在最少的负担下，能够尽快开展起来。

阅读的确是需要时间的，很多人在读的过程中也会常常强调没有时间，而有一些经典的读物，可能又很厚，可能很难读。这也是为什么教师的阅读一直难于推动的原因。用这样分头共读的方法，就等于把教师群体和一本好书分别对应，就能大大节约时间。

每个人为了在众人面前说得不至于太差，也会抓住时间，用心地阅读，这样就提高了阅读的效率。

这样双管齐下就可以让老师们在阅读经典图书的时候，有了一个非常有效的抓手。

第三， 父母阅读之亲子推动法

以学校班级为单位，以加强孩子的阅读来推动家庭亲子间的共读。其方法是父母为孩子朗读、讲述；父母与孩子一起分角色朗读；父母和孩子就同一本书各自阅读后，讨论相关思考题或共同感兴趣的话题。

这是许多新教育实验人员最常采用的一种方法。也就是说利用我们在学生中强力推荐阅读的契机，用学生去带动他们的父母，开展家庭亲子阅读。尤其是在小学低年级或者幼儿园的时候，从简单的绘本读起。绘本之所以说简单指的是形式上非常容易进入，而不是指内容的简单。恰恰相反，有的绘本，对于促进父母提高对家庭教育的认识很有帮助。比如说《小魔怪要上学》，比如说《等一会儿聪聪》等等，这样的绘本都在很大层面上改变了很多父母对于阅读、对于教育，尤其是对于家庭教育的认识，这就让父母在亲子共读中能够有更进一步的提高。

第四， 父母阅读之听读合一法

这一点其实是跟我们的父母大讲堂等工作联系在一起的。作为学校，现在越来越重视家庭教育。那么在组织过程中，也常常邀请各种名家到学校进行关于家庭教育的讲座。在这样的前提下，应该更好地发挥这些专家的作用。

有一种方法，阅读相关专家的著作。如果举办讲座的专家本身就有相关的著作出版，那么可以在专家进行讲解之前，带领和组织学生父母购买相关的著作进行阅读。这样父母就能够在跟专家交流时进一步提高；同时，也可借鉴一些激发孩子阅读的方式，以签名等这些活动，提高父母的参与度。不管是哪一种方式，都要注意：图书的阅读应该在讲座之前。

还有一种方法，根据讲座专家所要讲的主题，提前组织学生父母进行相关主题的阅读，从而能够在聆听讲座的时候更有收获，在互动中更有启发。

以上关于父母的图书阅读，最好的效果是在专家进校之前进行。这样能够更好地促进对于专家观点的消化吸收和反思，甚至批判。如果是在专家讲座之后进行阅读，那么很容易造成买了书却难以去读的结果。所以，父母阅读在听读合一上，借用外力的方法来促进，也会有一定的成效。

第五， 学生阅读之图书漂流法

尽管大多数家庭都越来越富裕，但是毕竟在一所学校里总存在着不同经济状况的孩子，而且因为阅读中存在着一个促进阅读的阶段。这个阶段是一个强调不求甚解、囫囵吞枣进行数量的积累的阶段。在这个阶段的孩子需要读大量的书。因为种种原因，学校应该积极主动地组织进行图书漂流的活动，无论是以主题方式的图书漂流，还是以班级为单位的图书漂流，或是在全校进行的图书漂流，这些图书漂流都能够让有限的书被更多的人看到，并且还可以在漂流中发挥大家阅读的积极性。因为书非借不能读也。这样的心理其实存在于很多人的心中，尤其是孩子的心中。进行这样的漂流，也就意味着提供了一个阅读截止的日期，意味着能够更好地激发学生阅读的积极性。

图书漂流的方法有：在班级内将有限的书进行轮流传阅，定期交换；在班级间轮流使用某一本书或某一套书；在年级间传递，上一个年级读过的书，漂流给下一个年级读；在校际结对班级间进行图书漂流传递，等等。

第六，学生阅读之榜样服务法

推动学生阅读，就会发现在阅读中同样会出现两种极端：有的孩子因为家庭重视，因为自身专心，在阅读上提高非常快；而有的孩子却进步很慢。通常我们都是用榜样的力量去带动那些还没有做好的同学。

但是，在阅读推动的方法上，我们特别希望能够用榜样提供服务的方式，去真正帮助那些阅读没有进展或者进展不大的同学。因为在阅读的过程中，一个人在教其他人的时候，是自己掌握得最为深入和全面的时候。同样的道理用在阅读上特别明显，尤其是关于课外书的阅读，一个孩子在阅读中，读得再好，肯定也不可能像读教材一般细致入微，而且有的好书值得我们用更多的时间进行品读。所以当我们把阅读的榜样选拔出来之后，让这些榜样用一种方式，和那些不太喜爱阅读的孩子们组织起来，请榜样作为小老师带领、指导大家进行阅读。这样，一方面，切实有效地降低了教师的负担；另一方面，能够真正迅速提高阅读能力欠缺的孩子的阅读水平。榜样服务法，还意味着这些有榜样的孩子，会更好地消化和吸收课外阅读中学到的那些重要内容，他们会从这样的阅读服务中，得到更多的收获。

阅读推广的方法有很多，不同的人和不同的层面都有着不同的有效方法。具体如何开展要结合学校的情况进行，但有一点是肯定的，那就是无论从何时开始，阅读推广这项工作都不晚，所以我们应该从现在、从此刻开始。

四、教室推进技巧

因为我已经写作出版有《喜阅读出好孩子》一书，专门介绍了在学校和家庭中开展儿童阅读的方法技巧，适合需要更多方法的新教育实验教师，在此，就简要介绍两种最为简便、一举多得的阅读推广法。

第一， 故事父母法

请学生父母进课堂讲故事，一是提高了学生的阅读能力；二是为家庭教育提供了方法指导，在讲故事的过程中，父母自然能够掌握更多的讲故事的方法和技巧；三是提供了家校交流的机会，无论父母讲的故事是否成功，必然在这个过程中，亲身感受到老师上一堂课的不易，从而增进双方的理解。

这样一箭三雕，请学生父母在家或者在各种活动中讲故事，让学生有更多机会接触更多图书，培养良好的阅读习惯，甚至改善一个家庭的家庭教育。

第二， 家庭好书展

之所以向大家特别推荐这个活动，是因为它简便、高效、润物无声，特别适合时间紧张、工作繁重，同时又不得不去推动阅读的一线教师们在班级里开展。

当然，这样的活动也可以以年级，或者以学校为单位开展，这样给参与者的震撼会更大，收获会更多。

“家庭好书展”分为三步：第一步交书，第二步选书，第三步说书。一个普通的老师，只需要花十分钟不到的时间，就可以做好这项活动的准备工作。

第一步，交书。

指的是教师发布通知，要求全班每个学生告知家长交上家中最好的一本书参加班级的“好书展览”，并强调好书展览完毕，立刻会将图书完璧归赵。请注意，只有这样强调，才可以让所有的家庭都愿意交出家中最好的那一本图书。否则在现实生活中，我们常常发现，如果我们是要学生捐赠图书来构建班级图书角，就会出现有的家庭只把家中已经要淘汰的书捐赠出来，这样也就无法起到集中全班所有好书的目的。

第二步，选书。

指教师根据自己的喜好，判断全班的学生现在应该读哪几本书，就从中挑选出三本或者五本。

挑选的数量，根据好书展览的时间决定。一般情况下，如果“家庭好书展”

的时间只有一节课，那么最多只用挑选三本书就足够了。

一间教室里的阅读情况，比如：孩子们究竟喜欢读哪些书，孩子们的阅读水平普遍达到了什么程度，只有这间教室里的老师最清楚和了解。所以，在选书的标准上，我们强调以老师的喜好为标准，这也就同时意味着希望老师在日常教育生活中能够对学生的阅读水平有所了解，能够对一般的阅读常识有所了解。这样两相结合，老师就能够用3分钟到5分钟的时间，挑选出一次活动所需要的3到5本好书来。

第三步，说书。

一般情况下，“家庭好书展”的现场可以直接放在教室里，直接把课桌椅子向两旁拉开。当然，也可以将一部分桌椅拉到教室外面的走廊上。

每个家庭交上来的图书，就摆放在桌子上展览。学生的椅子直接摆放在教室的中间，一会儿“说书”环节会用到。

活动之前，老师邀请每一个家庭中的一位家长前来参加展览活动，最好是学生的父母。

在活动中，所有的家长带着孩子先到“好书展”现场，自由参观浏览班级里交上来的所有好书。如果是学校或年级统一开展“家庭好书展”活动，家长还可以跨班、跨年级浏览学习。

在浏览学习结束之后，家长再回到班级，与孩子一起聆听现场的“说书”环节。

说书环节，不是由教师来说，而是由教师主持。说书的人，是教师挑选的那3本好书的主人。

在参加活动之前，教师应该提前与3本书的主人进行沟通，要求在说书的环节，每一位参与说书的家长用十分钟的时间，说出以下三个方面的内容：第一，自己为什么买这本书；第二，孩子读这本书前后的改变；第三，自己平时是怎么读书的。

因为在一间教室里，学生家长的文化程度参差不齐，口头表达水平也不相同，有的家长对于当众演讲比较胆怯，对于如何围绕一本书来说也会有很多困惑。

当老师明确要求这三点的时候，参与“说书”的家长就会在说的过程中，不知不觉地结合着这三点要求，说出一些家庭教育中特别需要注意的环节。

家长说的这三个方面，每个方面都有深层次的含义。

第一，自己为什么买这本书。指的是这本书好在哪里，这就在无形之中向其他学生的家长推荐了这本书。

第二，孩子读这本书前后的改变。这是为了说明阅读是有用的，这样的方法是学生家长把自己孩子的变化作为例子的，有很强的说服力。这样以生动、真实的故事为例，以榜样示范的言说方式，所起到的传播和引领的作用，是一名教师仅靠自己的能力，所难以取得的阅读推广的效果。

第三，自己家平时是怎么读书的。其实，这就是在无意之中说出他家平时在怎样做家庭教育的。

家庭教育既非常重要，又难以改变。每一个家庭都是关起门来做教育，这样的教育习惯，往往是一代又一代绵延传承下来，改变起来非常艰难。所以，班级里的一位学生家长告诉其他家长自己平时家里如何读书，哪怕是一个做得不是特别好的家长，到他上台的时候，他也会积极地思考。当他被老师作为榜样向全班推介的时候，他就会认真地挖掘自己在家庭教育中所有的那些宝贵的经验，也就是为其他学生的家长起到了一个良好的带头作用。

教师在主持的过程中，当然也需要说话。但是，老师只要说一点，那就是：这位家长多么好、这个孩子多么棒。

配合学生家长来夸奖孩子的优点，是老师主持活动的最大作用。千万要注意，每一个孩子都会有优点，选择榜样时，不要特别刻意去选择班级里学习成绩最好的学生。在全班阅读水平到达一定程度时，老师甚至可以刻意选择一些平时不是那么出众的同学，在这种“好书展”的活动中，以表扬的方式激励对方。

比如我们可以夸奖一个孩子特别善于团结同学；比如我们可以夸奖一个孩子特别乐于助人；甚至也许是各方面在老师看来都很不理想的孩子，如果一旦他家里有这样的好书被你选中，一旦他的家长走上前台，那么我们都可以夸奖这个孩子是一个有着无穷潜力、无限未来的孩子……以这样积极引领的方式，就可以让我们的整个阅读工作，在一种愉快的氛围中更为有效地推进。

也会有一些老师对“家庭好书展”活动存在疑惑。比如很多老师都认为自己的班级只是普普通通的班级，自己班级里学生的家长都是一些很普通的，甚至文化程度很低的人，是说不出什么冠冕堂皇话的，让他们说“为什么买这本书”，有的学生家长就会说：“我也不知道为什么要买这本书，因为我看见邻居家有这本书，所以我就买了。”一旦学生家长说出这种似乎上不了台面的原因，向另外班级学生的家长传播时，会起到怎样的效果呢？

要特别注意的是，即使发生了这样的情形，“家庭好书展”活动仍然是有着巨大效果的。

第一，人都有从众的心理，都有一定攀比的心理。所以当一位学生家长说他的这本书，他的邻居家有，他自己因此也买了这本书。在这样的前提之下，旁边的那些没有这本书的学生家长，他们会怎么想呢？他们想的会是：对呀，他家邻居也有了，他也有了，你看我，我这不是还没有吗？现在，连老师都把这本书作为好书来推荐了，我什么时候也要买一本回来看看。所以，这是一个润物无声的过程。

第二，老师们应该特别记住，我们现在正在一个转型的社会之中，人和人之间的相处，因为精神上多元化侵袭得特别猛烈，所以彼此之间的信任感很难建立。在这种情形下，很多学生的家长在自己孩子刚开始走进教室的时候，对于学校的老师并没有建立真正的信任。

这样的一些学生家长，要么会像我们日常生活中所见到的那样，认为教育都是老师的事情，自身缺乏相应的教育理念。更加可怕的是另一些看上去比较优秀的家长，他们有一些对于教育的理解，但这些理解中的一部分可能是错误的。可是这一类家长不仅自己不想改变，还会力图希望通过实施自己的权利来改变教师的行为，实际上与这一类父母更加难以沟通。任何一种情况，都非常容易导致一位普通教师在推动阅读的过程中饱受误解。

所以，身为教师必须注意，遇到误解时，绝不能硬干、蛮干。最终我们的目标当然需要迎难而上，可我们必须采用智慧的方式，有技巧地迎难而上。举办“家庭好书展”最为智慧的地方，就是所说话的人全部是学生的家长。

家长和家长，天生就在同一条战壕里。任何说服家长的话，由老师说出来，永远不如由同样是家长的人说出来有亲和力、说服力。

比如，教师希望对方重视家庭教育，有的学生的家长甚至会想：我都把家庭教育做好了，我还要你老师、要你学校干吗？比如，教师去推荐一本书，更可能会激发学生家长的反感，有的学生家长甚至会想：又在这儿推荐什么书？这是不是在中间拿了多少回扣啊？这样的一些猜忌，非常容易伤害一个教师的心灵。

所以教师推动阅读的过程中，尤其在阅读推广刚刚开始的时候，任何这一类的话，由家长讲给家长听，比老师讲给家长听，效果要好得多。最起码不会激起家长下意识里的一种排斥。

之所以特别推荐“家庭好书展”活动，还有一个重要原因——这是一个能够为教师创造职业幸福的活动。

作为教师，应该特别清醒地意识到：所处角色的不同，对问题的思考可能会截然不同。

所有的教师，所有的教育工作者，都非常清楚：在一间教室里，往往是那最差的几个学生，耗费了教师最多的精力。这是教育界大家都公认的一个道理。

可是从家长的角度来说，几乎所有的家长都不这样认为。几乎所有的家长都会认为：我家的孩子是聪明的，只是他还缺少老师的关心。

因此我们会在教育生活中发现一件特别有趣的事情：越是年龄小的孩子，学生家长对班主任、对学校支持的力度就越大。

小学一年级刚刚入学的时候，几乎所有的学生家长都会很高兴地来配合老师的工作。最起码也不会对老师的工作产生排斥或者反感。可是到了小学中高年级我们就发现，哪怕是同样的一个班级，那些差生的家长，他们逐渐就会一方面嘴里说我家孩子不行，另一方面和老师的关系会逐渐地淡漠甚至恶化。为什么呢？就是因为这一类学生的家长，潜意识里会认为是因为老师的关注不够，所以才导致了我家的孩子没有像别人家的孩子那样更好地成长。他们不可能认识到，教育之果呈现在教室里，教育之根却扎根在家庭里。

“家庭好书展”则是一种四两拨千斤的活动，能够从根本上真正推动家校双方达成“家校共育”的共识。如果一位教师长年累月地、坚持不懈地开展这项活动，在这样开展“家庭好书展”的过程中，最终会发现，即使这样也会出现全班同学的成绩参差不齐，但那些表现比较差的学生的家长会在长年累月的多次“家庭好书展”活动过程中，了解到其他学生的家长是怎样进行家庭教育的，在多次的活动中，感悟到自身与其他家长的不同，因而就不太会把怨气发泄到老师身上。这样一来，家校之间的关系就会发生深刻改变，由此可以促进我们的各种工作、而不仅是阅读工作的顺利推进。

“家庭好书展”的创意，来自江苏淮安的王艳老师曾经在年级、在班级开展过的“家庭藏书展”活动。之所以改成“家庭好书展”，是因为作为好书的展览，活动组织更简便、高效，同时又能达到教育效果的最大化。

特别希望所有的老师能够把“家庭好书展”这样一个简单、有效的活动坚持落实下去。只有坚持，才能够在日复一日地碰撞交流中，达成最后目标的统一，达成各方关系的磨合。结合一线实战，确信这种方法能够更好地推动教室里的阅读，推进当下的教育，给教师减负，给孩子更多的成长，也给家长带去更幸福的教育生活。

行动二：

师生共写随笔

——写作，自我雕塑生命

行动定义

师生共写随笔，通过教育日记、教育故事和教育案例分析等形式，记录、反思师生日常的教育和学习生活，促进教师的专业发展和学生的自主成长。

——摘自《中国新教育》

一、要点解析

叶圣陶先生把语文教学归纳为“听说读写”。

的确，写作在教学中，尤其是在语文教学中，是一个最终的呈现方式。与此同时，也是一个最为艰巨的任务。

“师生共写随笔”这一行动，与其说是针对语文教学而战，不如说它是针对所有学科的教师、学生以及父母，甚至包括社区共同参与教育生活的人员搭建的一个交流与反思的平台。

共写所造成的效果，没有类似经历的人，是难以想象的。

比如，在新教育种子教师、诸城新教育实验区姜蕾老师的班上，就发生了这样一件事。

她的班上，有一个叫小华的女孩。小华的爸爸妈妈都很优秀，在各自单位工作都非常出色。特别是小华的妈妈，是一位优秀的初中语文老师，她所执教的班级里的学生，都是慕名而来的关系户，其他的平行班人数为 70 人左右，她的班级却有 90 多人。

他们对小华的教育也非常用心。班上进行亲子阅读、亲子日记，小华的爸爸妈妈都完成得非常好，从来没有漏过一次，是班上优秀父母的代表。

但是，姜蕾老师却发现小华非常胆小，刚上小学，正是无忧无虑的年纪，却经常偷偷流泪。细心的姜蕾老师关注小华的情况，在亲子日记中发现了问题：无论小华日记的内容是什么，爸爸妈妈从来没有给予肯定和表扬，都是指出问题提出批评。

比如小华的日记内容写得非常好，爸爸妈妈就会说："本次日记的书写不认真。"下一次小华写得非常认真了，爸爸妈妈又会说："内容不生动，希望你下次改正。"

2016 年 11 月，在学校的访校日中，姜蕾老师约了小华的爸爸谈话，做面对面的交流。

姜蕾老师告诉小华爸爸，小华各种习惯非常好，上课的时候总是认真而专注，书写也是一笔一画从不马虎，更重要的是小华的情商非常高，每天无论哪位老师走进教室，小华总会跑上前去甜甜地问一声"老师好"。

然后，姜蕾老师指出了自己发现的问题：人人都喜欢的小华却是每天都不快乐，课间总是坐在座位上，郁郁寡欢。

小华爸爸也说，她在家里也经常这样，总是坐在一边发呆，一副心事重重的样子。

姜蕾老师拿出小华的亲子日记本，请小华爸爸自己从头开始翻看。

小华爸爸看着自己和小华妈妈写下的一篇篇充满了批评与指责的点评，一边看，一边不好意思地笑了。

姜蕾老师问他："您知道问题在哪儿了吗？"他说："知道了，我今晚就回家和她妈妈还有孩子好好谈一谈。"

后来，小华写了一篇日记。

2016年11月24日

今天，我很开心，因为从开完家长会以后，爸爸就像阳光一样照亮着我。而且在语文老师、数学老师的帮助下，爸爸变的wēn róu起来，不像以前那样luàn发pí气，和我一起学习，共同阅读，共同记lù，共同生活，这就是我发现爸爸的优点。

在这篇日记后面，小华妈妈留下了长长的一段话。

寄语：

小华，看到你的这篇日记，妈妈很惭愧，因为我们都忽视了自己的态度。爸爸和我没有注意到我们对待你的方式、方法，所以导致你受伤害。很感谢你的老师提醒了我们，我和爸爸也反思了自己的行为，所以感觉很抱歉。作为家长总是打着爱你的旗号肆意伤害你幼小的心灵，实在不应该，所以我们会改变，请你相信我们。你的这篇日记对我触动很大，真没想到你是这么善于观察和思考，谢谢你帮助爸爸、妈妈改正错误。

亲爱的小华，希望我们的改变会让你更加懂事起来，谢谢你给我们机会改正！我们永远爱你，加油！

同时妈妈要特别表扬你，今天你感冒了，很严重，本不打算让你写日记的，但你坚持写，这一点我很感动，向你学习，你很棒，非常棒，再接再厉！

姜蕾老师一直留意观察。

在以后的亲子日记中，小华的爸爸妈妈真的做到了多表扬少批评、先表扬再批评。

现在，半年过去，小华不仅仍然懂事聪慧，更重要的是，她已经变成了一位非常开朗、快乐的孩子。

在执行的过程中，师生共写随笔有如下六个要点：以真实为基础，以思考为核心，以共读为前提，以共写为特色，以全员为方向，以点亮生命为宗旨。

第一， 师生共写随笔， 强调以真实为基础

师生共写随笔，当然不排除一些其他比如小说等作品的创作。但是师生共写随笔，它所应有的题中之意就在于真实，即通过多方共同书写记录这段生活，在生活中进行沟通交流和碰撞，以此产生精神上的交融磨合。这必须建立在真实的

前提之下。而且在这样的真实前提下，我们也就有了文章的一个标准，那就是真情实感。

在写作中，我们当然也会提倡大家能够以更好的方式、更美的形式来进行随笔的写作，但是一切都应该建立在真情实感的基础上才会出现生命的涌现。

第二，师生共写随笔，强调以思考为核心

这里的思考指的是反思，有哲学家说未经反思的生活不值得一过。

我们在这里所提倡的反思是每个人对所发生的事情结合着自身进行反复地思考以及反方向、反角色地思考。

反复地思考意味着我们在思考中，不是一次就完成，而是通过他人的贡献，多次思考完成。比如学生在写作之后，因为老师的点评，进行了一次反思；而在老师点评之后由父母进行点评，学生又进行一次反思。这样反思，同样出现在老师和父母之间，也就是不同身份的人都可以在同一篇记录中反复地进行思考。

这种反复的思考也可以是换位进行思考。也就是说，在这样的反思过程中，比如一件事情，不管是学生，还是老师或者父母，都有自己看问题的角度，都有自己的思考。在共同写随笔的过程中，不同的人就可以看见不同人的不同身份、不同的心态，从而站在另外的角度思考，达到最好的沟通效果。

反方向的反思，也就是另一种结果推导的方法。当我们在一件事情已经发生后，我们顺着自己的角色出发，推到了事情的终点，往往会得出一种结果。如果我们把事情的结果更换，那么从事情的结果出发，反过来思考，我们往往会发现之前并没有发现的那些事物。这样的思考就在记录中呈现出一种丰富的立体的反思。

我们的师生共写随笔，以这样的反思出发，势必能够培养既兼容并蓄又有个性特征的一种思维模式。这样的思维模式，也就是一个人学习成长中最大的收获，也是最受益的一种习惯。这也正是我们通过师生共写随笔所希望养成的一种思维习惯。

第三，师生共写随笔，强调以共读为前提

我们要知道日常生活通常都是繁杂琐碎的生活，而且在日常生活中，我们很难在短时间内进行集中的思考、交流。

我们身处生活中，也很难跳出自己的角色进行一些客观地分析、客观地讨论和客观地认知。那么，弥补这样的不足的方法就是共读。

共读，也就是共同阅读。我们特别强调共读，其实是一个多种形式并存的大阅读。它的目标指向的是共同的精神生活。

我们不管是共同阅读一本图书，还是共同观看一部影视，或者共同去进行一些活动，都是一种对信息、对资料的共同汲取，是我们共写的一个前提。也只有在这样的精神生活的前提下，我们的生活才会丰富多彩，我们的写作才会精彩百出。所以也只有以共读为前提，才能够真正地把我们所思所写提升上一个新的高度。因为一个人在生活中的经历毕竟还是有点少，而更多的丰富多彩的生活会藏在书本里，藏在影视作品里，藏在各种各样的美术音乐等作品里。同时，因为我们日常的生活更多的是一些琐碎的积累，在这些琐碎积累之外，有更多的经过艺术家提炼的作品。共读这样的作品能够映照我们的日常生活，从而提升生活的品质。

第四，师生共写随笔，强调以共写为特色

我们追求的方向，并不是一个人独自地呈现，不是一个人在那里引吭高歌，而是许多人形成的合唱。之所以我们会提倡共写，那就是我们希望通过共写，能够在最大范围内形成一种保留个人特色下的共鸣。

一花独放不是春。我们希望通过师生共写随笔这一特点，能够让更多的花蕾自如地绽放，让每一个人都能够成长为自己，并且都能以文字的方式轻松自如地表达自己。

第五，师生共写随笔，强调以全员为方向

师生共写随笔，并不仅仅是语文老师应该做的事，而是希望所有不同学科的老师都能够拿起笔来记录自己的教育教学生活；师生共写随笔，当然也不仅仅是由所有老师做的事，同时希望所有的学生都能够以写作的方式不断地加强反思，不断地学习成长。

以全员为方向，还意味着什么呢？那就是学生的父母，甚至于参与到教育教学活动中开展长期的工作；同时，一些相关的人员，也长期参与到教育教学活动中，比如社区的工作人员等，共同参与到教育教学活动中，并且以共写随笔的方式记录自己的教育生活。

这样的行动，本身就是一个最好的全民教育，也是一种最美好的教育理念的推广与执行。

第六，师生共写随笔，强调以点亮生命为宗旨

写作是最容易呈现一个人内心的表达方式。教师、学生乃至共写随笔的多方人员，怎样以共写点亮生命呢?

第一种方式，当然是每个人都积极地发现自己、积极地挖掘身边的美好事物，对这些事物进行记录和传播。传播美好，是营造成长小环境的一种有效方式，以积极的心态思考并行动，自然就能点亮生命。

第二种方式，是指共写的多方在交流的过程中，以真诚的互相帮助而共同成长，以美好的行动与事物互相帮助。这样在群体中生命互相照亮的过程中，自然而然也就意味着点亮了自己的生命。

当然，点亮生命并不是要求人们回避负面、躲避丑恶。点亮生命，自然也包含着鞭挞和批评丑恶。但是，正如尼采所言：“与恶龙缠斗过久，自身亦成为恶龙；凝视深渊过久，深渊将回以凝视。”

所以，以写作点亮生命的第三种方式，应该采用建设性的批评写作。即批评中要将批评与自我批评相结合，要以“天下兴亡，匹夫有责”的心态结合自身进行反思，要尽可能地在批评的同时思考并提供改进的方法，甚至在记录之后付诸行动。为了批评而批评，为了博取眼球而批评，没有深入思考与真诚建议的批评，都不是真正的批评，只是牢骚而已。牢骚不仅不能点亮自己的生命，无法照亮周围的世界，天长日久，还会遮蔽自己的心灵。

二、区域推进技巧

师生共写随笔，并不是一件单纯由语文老师来做的事情，而是应该由学科老师带领学生乃至学生父母进行的一项工作。因此，实验区在推进这项行动中，一定要特别注意，不能把它仅仅局限于语文学科，同时也要特别注意与日常其他工作的融合，因为所写出的随笔完全可以作为任何一项教学工作的结果进行呈现。

当然，在推进中，需要各种不同的办法，来针对不同特点的人群，针对不同层次的写作者，进行有效地激发。在推进的过程中，通常有以下几种办法：

第一种， 以榜样法带动

我们在工作中发现，任何一个实验区肯定会有“笔杆子”。这样的“笔杆子”就是我们当地最出色的榜样。我们可以请这样一些榜样现身说法，进行演讲，宣讲自己是如何走上写作这条道路的，并且宣讲自己是如何做到教育和写作相结合的。这样的榜样，除了老师，还有父母和学生，针对不同的人群，寻找不同的榜样，能够取得很好的效果。

榜样的力量是无穷的，尤其是身边的榜样，总让人有着一种蠢蠢欲动的、希望去超越的感觉。这样的榜样一旦推出，就真正能够引领一批人。

当然，在榜样法中，我们也不能忽视外聘专家的榜样力量。正所谓“外来的和尚好念经”，尤其是写作方面有所建树的专家，他所能起到的作用就更加鲜明。把这样的专家请来之后，也可以推进对相关专家著作的共读。这样就是一举两得。

第二种， 以社团法引导

每一个地区，只有那么少数的几个榜样是不够的。真正能够推动师生共写随笔，应该在教育的每一个角落，都能够找到兴趣爱好非常强烈的参与者。因此，一个区域内可以成立相关的写作社团，对一些忠诚的人，为他们提供榜样的长期跟进指导，也为他们提供一部分进行宣讲和发表的平台，这样就可以维护一个相对稳定的团队，几十人、百余人的大小团队皆可。这样一个相对稳定的团队是最容易与榜样接轨的，从而又能在各个学校、各个机构开枝散叶，扎下根来。

第三种， 以比赛法激发

写作是最容易进行比赛的一种方式方法。在进行师生共写随笔的大赛中，我们要在选择大赛主题上费一番心思，只有这样，才能够把工作做在前面，从而在后面的比赛中，取得立竿见影的效果。从比赛的目的来看，既要针对不同的人群，又要针对不同级别、不同层次的人员。这样，各个层次的人员都能有所调动，有所提高。所以，在比赛安排上，可以有以下几种比赛形式：

1. 写作挑战大赛。

写作挑战大赛不是比质量，比的是态度和数量，看看一个人能够坚持写多少原创文字，能够坚持写多少天。进行这样的比赛，就可以让那些刚刚起步的人，天分不是特别突出的人，得到鼓舞，从而激发更多的人走到师生共写随笔中来。

2. 随笔佳作大赛。

随笔佳作大赛坚持的就是品质。好品质就能吸引更多读者的关注，并且能够从人群之中及时选拔出最优秀的写作者。这样，既能发现高品质的作品，又对日常的教学生活进行了宣传，同时又能够发现人才，为我们的人才梯队的培养，进行有益的储备。

在随笔佳作大赛中，要特别注意和不同的专题结合起来，或者说大赛可以分为不同的学科，不能所有的比赛只用一个标准，也就是语文学科的标准。比如：数学随笔佳作大赛、物理随笔佳作大赛等等，这样就可以从不同的学科，从不同的角度，推动师生共写随笔的开展。其实，也等于推动了不同教师群体对教育教学工作的反思。

3. 师生互评大赛。

师生互评正好对应着师生共写。

师生互评大赛，就是把老师和学生完全地融入一个大赛之中，就能够解决平时在比赛中发现的“有的老师做得并不好，但是他写得好”的问题，从而就能让更多既做得好，又坚持在写的老师，在这样的过程中脱颖而出。

当然，这样的比赛，更多地还在于能够融洽师生的关系，能够让更多的老师明白应该以怎样的方式去对待学生才是正确的。同时，在这样的互评中，也增进了学生对老师的感情，从而能够为后期教学奠定更为坚实的基础。

4. 家校共写大赛。

家校共写，就是把父母拉入到师生共写随笔的大军之中。家庭教育是教育的有机组成部分，而且还是一切教育的根基。利用共写随笔的方式让父母及时记录学生的成长，从而也能够让父母认真地反思自己的做法。这样的家校共写可以用“亲子共写”的方式呈现，也可以用“父母、老师接龙”的方式呈现。各种不同的方式，呈现着同样真实和精彩的互相沟通的结果。这样的共写，它不仅仅是一次大赛，更重要的还是一次家校合作共育的推广良机。

总而言之，仅仅在比赛这一项上，只要我们去开动脑筋，还会创造出无穷无尽的比赛方法。因此，我们只需要用最小的成本，就可以积极地号召大家共同加入这样的工作中来。

一旦行动，每个人必然从自己的写作中有所收获，这是比赛法能够激发起大家热情的一种办法，也是比赛法最大的特点和优势。

第四种， 以阵地法巩固

师生共写随笔和其他所有的写作一样，都需要有一个发表的平台。当然，师生共写随笔，因为它具备特别的优势，在班级里就能够互相分享。区域在工作推动中，如果能够顾及每个人都渴望自己的劳动成果得到发表、得到赞赏、得到观赏的心理，那么所在区域就应该用多种形式的阵地来给所有参与师生共写随笔的人员一个发表的机会。无论是报纸还是杂志，无论是电子版还是纸质印刷版，只需要有这样的一个阵地，就可以汇聚起一帮人。只要有这样的一个阵地，也可以把社团的那一些活跃成员，兴趣爱好更浓烈的一批人凝聚起来，能够更好地发挥大家的积极性。

这样就能有一片肥沃的土地，让大家进行耕耘，由此就能取得更突出的效果。

第五种， 用抽查法督促

无论是人还是机构，都不是一成不变的，有积极兴奋的时候，也有倦怠退缩的时候。如何去检查，决定了我们的工作推进是否能够进行客观评价，因为所有的比赛毕竟能够看见的总是局部，一线的工作还是需要在更多的亲自推动中得到更好的完成，所以我们在检查中可以随时随地走访，进行抽查。

抽查有两种：一种只看数量，只要对方是已经写出来的，或者汇编成册的，堆在一起，就可以明确地看出一所学校一共写了多少随笔。或者把文档发到邮箱，就可以明确查到一所学校写了多少。另外一种抽查的方法，则是请对方提供优秀的人员或提供优秀作品，这样也就便于大家在抽查中查到质量。

第六种，以激励法提升

每个人都需要激励。激励有不同的做法，在这里，激励法指的就是出版。我们可以以两种方式出版：第一，多人写作，集合出版成一个文集；第二，为达到足够水准的人出版专著。相比较而言，第一种门槛更低，激发的人更多。第二种传播的力度更大，起到的榜样力量更大。因此，两种方法各有千秋。

在这里，要特别提醒的是，有的区域在花了很大的力气出版了这样的文集或者专著之后，却没有更好地使用这些出版成果。所以，不管这样的出版，是属于内部印刷资料式的出版，还是属于国家正式的出版物，只要是我们认可的，都可以在出版之后，挑选其中的章节，组织相关人员共同阅读。

这种共同阅读有非常多的优势：第一，它可以激发起当事人的自豪感，这是毫无疑问的。第二，我们必须意识到，教育具有很强的地域性，也就是说，在这里能够取得的方法到那儿去用，却不见得能取得同样的效果。因此，我们自己土地上结出来的果实必然是最适合自己需要的。

这样的精神成果在推动阅读的过程中，一方面被接受起来难度小，比经典名著更容易读得懂。第二方面，这里所使用的一些方法，通常就可以在这个地区全面推广。所以，我们每个人既要注意引进外来资源，同时更要注意加强自己内在的修养、修炼、提升。这样的工作一旦在一个区域蔚然成风，那么这个区域内的教育工作者必然会是一个有着高度的自信、高度的自豪感和认同感的群体。

当然对这一类文章的共读，并不意味着对经典文章共读的放弃。恰恰相反，对于绝大多数老师来说，因为一开始没有阅读基础，所以阅读经典的教育专著会有一定的阅读障碍，因此把这样的文章作为阅读的一座桥梁，我们就可以更好地推动教师的阅读。同时在这样的阅读过程中，我们也不能忘记按图索骥法，对于书中提到的一些经典读物，可以去推荐，从而让更多的老师更容易接受。这种方法是专门针对老师而言的，对于父母也可以适当采用。但是对于学生来说，不建议采用，因为学生正是把学习作为工作的时候，他们本身就在集中进行学习，完全有必要也有时间、有精力找到更好的图书来进行阅读，从而在最短的时间得到最多的滋养，有着最快的成长。

第七种， 以征集法汇聚

这种办法类似于大赛的办法。但是它和比赛不同，它是由主办方提出一个具体的问题，然后向全员进行征集。这种征集，本身就围绕着问题进行。比如围绕着区域所棘手的教育问题，或者围绕某一个学科所需要解决的难点问题，或者围绕一个类似的教育案例等进行集中攻关。

这种工作方法，它一方面是在推动师生共写随笔这一写作项目的开展。另外一方面也是打开广纳言论的渠道，并且这样的方法更节约人力、物力、财力。只需要把工作内容发布出去，就可以用守株待兔的方式，等着大家交上相关的意见、建议。否则，用开会的方法解决，劳民伤财，还未必就能把问题讨论得那么清楚。

三、学校推进技巧

以上区域层面所采用的每一种方法，学校都可以借鉴，但是学校必须注意，因为自身人力、物力有限，频率不可过高，还要注意如果学校此项工作属于区域开展的工作范围之内，那么就多以区域的要求来推动落实。

借力互评法

一所学校的人力是有限的，很难对一个专项行动提供充足的人力。所以，在学校层面推动师生共写随笔，表面上看比区域更好推动，但实际上却往往是优秀的总是排头兵，落伍的越推越落后。

这样的状况下，我们特别推荐亲子共写互评法或是师生共写共评。也就是说，通过师生、家校这样拥有密切的合作关系的亲密人群，让他们互相评比、互相点评，尤其是互相赞赏，来激发起每一个参与者的热情。也只有这样，才有可能真正在一所学校中把师生共写随笔行动推到每一位老师、每一个学生，甚至每一位父母的心中。只要他们真正开始动笔，相信经过一段时间的坚持，就会发现自己生命中所获得的成长。当他们有了成就感和幸福感的时候，我们再让他们停止随笔就不是那么容易的事情了。

因此，借力互评法，特别适合于学校。

四、教室推进技巧

教师践行第一种：自言自语法

无论是个人日记，还是班级日志，都可以教师自己独立写作完成的。特别想提醒教师的是，作为个人日记，在对教育生活进行积累的时候，要有步骤、有重点地进行，围绕着班级的重点学生或者重点事件，进行一长段时间的积累，才可以起到事半功倍的效果。否则，自己积累的太多，等到查找的时候什么都有，也就意味着什么都没有。这样对于相关的、后续的写作也并没有太多的好处。

教师践行第二种：批注点评法

批注指的是教师在阅读时，不论是图书还是其他学生、父母写的文章，进行随时批注。点评则指对于相关的写作工作进行更为正式的一些点评。这样的一些内容，其实也是共写随笔的一部分。不论长短，只要精当，就有它存在的价值。

教师践行第三种：沟通交流法

也就是以写便条、写家校信的方式，和学生父母进行沟通交流。不管是真正的纸质便条，还是以短信、微信的方式发布的消息，都属于即时沟通的重要内容。但是在师生共写随笔的过程中，最为强调，也最为呼吁的是家校信，无论班主任还是学科老师，都建议以家校信的方式对自己的教育生活进行梳理，强度一周一次比较妥当。

通常，大家把家校信理解为是对学生父母进行说服、教育的讲道理的一种信件，其实在我们的教育过程中，我们应该牢记一个原则，那就是雅斯贝尔斯说过的：一个人，只有当他从内心开始想学习的时候，所有的教育才会发生作用。因此，教师不能把家校信的写作视为对父母进行的灌输，而应该视为自己内心对教育的思考，对学生的教育生活，对一切美好事物的积极呈现和记录。这样，记录本身才可以起到让老师们在回顾一周生活时感到幸福、愉快的功效，也只有在这样的过程中，学生父母才会不知不觉地受到濡染，被打动。所以，家校信的写作是一个非常具有教育智慧的、非常具有教育含金量的写作，需要每一位老师正视家校信的写作。一旦长期坚持这样家校信的写作，就意味着老师回顾着自己的教育历程，并且梳理着这些丰富的积累，从而使自己在教育过程中更有收获。

对学生父母来说，开展共写随笔的活动有以下三种方法：

推动父母第一种：感言反馈法。

无论是家校信还是便条，老师应该积极倡导学生父母和自己进行互动和沟通，一旦有值得分享的互动沟通的内容，老师应该积极主动地把这样的内容向全班进行传播。这样的一种共写的方式就是一种轻松易行，却又效果明显的家校共育的方式，也是一种提高学生父母教育素养的好方法。

推动父母第二种：亲子互评法。

作为学生父母，他们所写的内容如果没有得到关注，显然他们会比学生更快地失去共写的热情，可是老师精力有限，又不可能进行全部关注，那么该如何处理呢？这时，就可以采用班级内的家庭互评、家庭内的亲子互评。

在完成随笔之后，可以进行亲子双方、班级的家庭与家庭之间互相评点。这样互相评点，本身就是一个互动交流的过程，可以促进亲子之间感情的融洽，思想的交流。

这样的过程，也就会成为一个让父母不断地获得积极进行共写力量的方法。

推动父母第三种：集思广益法。

由老师提出一个专题，由学生父母以写作的方式进行回答。我们老师的精力十分有限，但是教室却又是一个非常需要协调管理工作的场所。如果以有限的时间，无论是打电话，还是面谈都不可能了解太多的情况。在这一点上，一旦教室发生了问题，老师所需要消耗的时间、精力势必变得更多。卷入其中，长此以往就会导致一个恶性循环。所以，老师应该放平心态，发生问题的时候，可以以写作的方式向全班的父母征集问题解决方案。当所有征集来的建议以文字的方式呈现时，一个正常人阅读文字的速度是听语音（也就是打电话或者当面交流）的3到20倍，这样的一种惊人的、悬殊的对比，也就意味着一位老师阅读能力越强，他将会用越短的时间准确地汲取更多的信息，从而进行更好的处理。

集思广益法是一种面向问题、有效解决问题的，同时，又能推动师生共写随笔、亲子共写随笔、家校共写随笔的一种共同写作的好方法。

推动学生第一种，写作接龙法。

以小组或者各个不同的团体为单位轮流，以日记的方式，每天接龙，进行挑战。

这种方法可以达到利用孩子的竞争心理、好胜心理，从而在围绕字数为目标的过程中，养成写作习惯，并且能够提高写作的兴趣。

推动学生第二种，各抒己见法。

在遇到各类问题时，以写作的方式收集意见。特点是长短不限，随时可行。

阅读中的问题、生活中的问题、学习中的问题，根据问题进行各自的思考，以及时写作、即兴记录的方式，迅速整理思考，最后同中求异，互相分析，从而达到写作能力与思维方法共同训练的目的。

推动学生第三种，创办刊物法。

每个班级都应该有自己的报刊。不论是一周一次还是一月一次，都应该由学生主导。低段的孩子以图为主，可以考虑手绘；高段的孩子文图兼备，可以考虑电脑设计。

以这样的方式，培养学生写作、编辑、配图、组织等各种不同方面的能力。有的班级用电脑把相关的班级报刊进行排版，不仅提高了自己的电脑操作水平，还不断积累资料，更在信息时代锻炼了自己的网络工作能力。

推动学生第四种，写写画画法。

文字只是一种表达的工具，除了文字之外，绘画、摄影也是表达的工具，所以我们不妨把“随笔”这一概念扩展得更大一些，把学生的绘画、摄影、泥塑、书法等，都纳入我们平时的共写随笔中，从而以更多的种类用综合的表达方式，协助更多孩子进行更丰富地表达。

推动学生第五种，著书立说法。

确定一个要出版的目标，给每个人都确定下来相关的题材，并且制订相关的计划，这样每个学生可以围绕自己的目标，进行持续写作。

比如对长篇小说进行连续的写作，比如对个人诗集进行不断的积累，以这样的方式，更快推动起全班同学在“师生共写随笔”上的自发自觉。

行动三：

聆听窗外声音

——讲座，搅动一池春水

行动定义

聆听窗外声音，通过开展学校报告会，参加社区活动等形式，充分利用社区教育资源，引导学生热爱生活、关注社会，形成多元价值观。

——摘自《中国新教育》

一、要点解析

“两耳不闻窗外事，一心只读圣贤书”这一度是中国读书人的画像。聆听窗外声音，就是针对这样的局面而推出的行动，是新教育最开始推进的六大行动之一，目标就是为了打开校门办教育，能够让学校教育汲取更多力量的支持，能够让学生、教师、父母获得更多榜样的鼓舞。

时至今日，学校的大门向社会打开，不管从执行上是否得力，从理念上已经逐渐被教育界认可。尤其是在一些名校里，聆听窗外声音，也就是请来校外的各类名流，已经成为许多名校一种显示实力的方法，几乎成为一种流行。在这样的局面下，具备哪些特点，才是新教育实验“聆听窗外声音”行动？应该重视哪些方面的工作，才能取得期待中的效果呢？

第一，聆听窗外声音，在对象上，应该是有针对地全员化

全员化是指对学生、教师、父母、教育管理者这几类不同的人群应该有的放矢，有针对性地开展活动，在人员上达到全覆盖，让窗外的声音飘进学校教育中的每一个人的耳朵，让窗外的声音能够唤醒学校教育、家庭教育等相关的每一个人。

第二，聆听窗外声音，在内容上，应该是有目标的体系化

我们在举办一般活动的时候，尤其常见的是邀请各种专家举办讲座时，很多情况下，其实是就专家的时间就专家的内容，因此，这样的讲座，再好的专家也不可能从整体的行动上有所针对性。只有我们在行动之前进行内容上的规划，才能够避免窗外声音这一行动的零碎，否则很容易造成有的内容经常重复，常年不见效果。只有制订计划，才能保证围绕体系化的目标进行。比如对于学生，我们常常开展作家进校园活动。那么围绕请进校园的作家是哪些方面的作者，就可以进行规划，比如有科学、科普方面的作者，有文学方面的作者，有新闻方面的作者，这样不同类型的作者，可以给学生带来不同的启发，而不能仅仅是围绕这样的一个活动，长年累月地换汤不换药地进行。

对于学生的父母来说，在聆听窗外的声音中，也应该有相应的榜样。有时给父母提供相应的教育理念，有时给父母提供针对性的对某一年龄段孩子的具体指导……把这些工作的需求制订到计划之中，才可能保证行动的有效。

对于教师而言，如何为教师找到榜样，协助教师的职业认同，如何围绕阅读、围绕写作、围绕课堂等不同的主题，甚至围绕文艺主题的不同层次，在对教师的培训中，需要更长期地规划才能有更好的效果。

因此，我们所制订的工作计划，要根据时间的长短有着大致地规划。对一个小学生来说，可以相应地制订六年的整体计划；对于一位老师来说，也可以由学校制订大致的教师成长的计划。这样的方式才能更好地推进这项行动。

第三，聆听窗外声音，在形式上，应该是有准备的多样化

目前聆听窗外声音这一行动，我们最常见的就是讲座。所有的专家只要与教育部门进行对接，就会把他邀请进来，做一场或大或小的讲座。这样的方式之所以流行，首先，因为它简便高效；其次，也因为它具有一定的效果。但是，真正做好聆听声音这一行动，我们就必须意识到：把校外的人士请进校内，把教育外的人士请进教育内，只有使用符合需求的、符合规律的方式，才会产生更好的效果。比如，当你请来一位主持人来为大家进行播音方面的讲座时，不如同时进行一场活动，请主持人现场做示范。这样的活动形式既活泼生动，又能激发起受众的兴趣。这也能让受众感受到更鲜活、更有趣、更真实呈现的一些信息，这样自然就能取得更理想的效果。同样，当我们用不同的形式，精心地准备去和专家进行沟通时，对方也会更热情地投入其中；而且根据不同的专家的特性，选择不同的活动，还可以把专家所需要的情境，在校园里、在聆听窗外声音的活动现场，进行再现。这样的多样化，也为教育提供了丰富的元素，赢得更多人的支持和喜爱，也会取得更好的教育效果。

第四，聆听窗外声音，在人选上，应该是有标准的多元化

请进教育内的专家应该是多元的。我们所熟悉的名人名流，是很好的教育资源，他们作为榜样出现，无论是讲述自己读书的故事，还是讲述自己成长的经历，还是讲述自己专业的知识，都常常会给听众以启发。与此同时，我们一定要注意多元化。这样的多元化，必然会呈现出多元的价值观，会呈现出多元的职业观，会呈现出多元的争鸣以及各种各样的教育和非教育的碰撞，这样的碰撞就可以在一个可控的前提下，为我们的听众，为学生、教师、父母推荐社会的声音，引进丰富的声音，由此才可以形成更为成熟，更为包容，更为理性的教育观、人生观、世界观和价值观。

第五，聆听窗外声音，在沟通上，应该是有意识的双向化

“双向”指的是对于邀请来的专家，我们应该进行把关，让专家能更熟悉学校的工作。当我们聆听专家的声音的时候，要更好地准备学校相关内容的介绍，让专家了解学校，从而对学校所提供的与专家相关的工作进行把关，这样必然会促使学校相关工作的水平得到提升。另一个方面，如果是从周边请来的各行各业的人士，请他们来了解学校，学校主动介绍自己，主动介绍自己的教育教学理念观点、成绩、困难，必然能够赢得支持。当周边的人群更了解学校之后，等于学校为自己营造了一个良好的教育生态。

既然在沟通上，学校对任何请进来的专家，或者各行各业的专业人士，都进行交流和沟通，就可以用录像或者文字的方式保存这些交流和沟通。尤其需要注意的是，当专家走后，这种沟通还应该在学校的听众之间进行，听众之间彼此沟通、彼此交流会进一步深化“聆听窗外声音”行动所得到的良好的成果。只有这样，才有可能让聆听窗外声音的行动，最终真正地变成人们自身的行动，并且运用这样的行动去创造美好的生活。

“聆听窗外声音”一旦能以以上的特点进行推动，就可以在工作过程中，既丰富多元，又有条不紊。因为聆听窗外声音作为一种教育的手段，是可以和其他的很多行动一经一纬地编织在一起，经度和纬度互相交叉，最后就能够编织成为一张新教育实验的、高效的网，人们通过这个网，就能各取所需地捕捞住自己所要获得的成长和幸福。

二、区域推进技巧

第一， 制度保障法

给下级机构制定举行“聆听窗外声音”的相关活动的制度，并且进行检查，是一种最简单的办法。

在这些活动中，只要举办活动必然有人受益。同时，在检查中，能够根据聆听窗外声音的各个特点，只需要直接检查这项工作的具体方案，就可以明确知道是否真正推进有力。

第二， 基地建设法

可以在推动“聆听窗外声音”的行动过程中，以各行各业中具有公益精神、热心教育事业的机构或者单位为合作伙伴，在社会上建立适宜的教育基地。这样可以一举解决“聆听窗外声音”的人才和场地两大重点问题。

当然，需要注意的是，这样的基地并不是一劳永逸的，不能长期只有一个内容，而是需要进一步维护，要和对方共同成立相关小组，进行内容上的不断更新。否则就容易形成轰轰烈烈开始、悄无声息结束的局面。

第三， 讲座交流法

这是最为普遍的一种推动“聆听窗外声音”这一行动的做法。

在这样的过程中，区域在举办相关讲座的时候，有几个要点需要注意：一方面要提高讲座内容的品质，让内容既有方向理论上的引领，又能接地气真正指导实践；另一方面要加强讲座的参与力度，激励各学校选拔优秀者参加区域的讲座，这样才能激发起听众的积极性，从而在讲座过程中认真聆听。这样双管齐下，才能让一场讲座取得好效果。

否则，一般学校派人参加，但是派去的人积极性不高，结果不仅导致讲座现场的气氛不好，长期上也会造成不良影响，让人们感觉这是一件可有可无的事情。

第四， 资源分享法

无论是基地建设还是专家讲座，除了区域作为总部自行建设和举办之外，肯定有一些学校也有相关的资源自行举办的讲座。

区域应该把这些信息组成资源库，制定相应的共享制度，指定人员落实安排，从而让每一种资源都达到效益的最大化。

这种方法，尤其适合经济条件、物质条件较差的偏远贫困地区。

第五， 互相学习法

除了区域层面上举办讲座之外，在区域下属的各种机构、学校，一旦有举办讲座的计划，区域相关机构就应该积极选拔其他机构或学校的优秀代表，到现场参会。这样不仅仅能够尽快地促使这些积极渴望学习成长的教师、父母、学生成为榜样，更重要的是，借这个工作过程，在学校和学校、学校和机构、机构和机构之间建立起更多的联系，让大家互相交流，这同时也是一个互相学习的过程。

聆听窗外声音，不仅仅是聆听教育之外的声音，也应该在区域内的各个机构之间和学校之内，彼此互相聆听，这也是一种非常有效、又非常轻松的推动区域整体教育创新的办法。因为身边的榜样，一旦真正做出了成绩，往往会更有说服力，也就会更有影响力。

三、学校推进技巧

第一， 专家讲座法

学校和区域一样，举办专家讲座是推动“聆听窗外声音”的最简单方法。但是，区域和学校性质不同，侧重点也不同。

在学校里的讲座，必须特别注意进行有序地规划。区域举办的讲座通常都是围绕相关主题进行，而学校举办的讲座则目标更明确，更应该围绕着一个体系，根据整体工作的部署，根据听众的成长需求进行。

区域性的讲座所强调的是每一个参会人员的质量，学校的讲座强调的是每一次都必须全员参与。尤其是面向学生家长的讲座，如果不能强调全员参与的话，那些不重视家庭教育的家长就不会参与，结果就会导致家庭教育做得好、教育素养好的学生的家长积极参与，从而越来越好；家庭教育做得差、教育素养差的学生的家长不参加活动，情况越来越糟。这样的两极分化，最终就形成我们在社会生活中看见的人生的两极分化。因此，学校在举办讲座的时候就特别需要强调纪律，尤其是进行学生家长讲座时，可以用学生家长和学生进行捆绑点名的方式，从而利用孩子的力量，把学生家长邀请到学校来，推动到整个教育之中。

第二， 校外实践法

这种探究实践，和建立基地不同，是一次性的活动开展，只需要每次联系上相关的机构就可以进行。

这个方法可以让活动形式多样，内容丰富，一旦能够成规模、成系列地举办，就能够成为一种鲜活而特殊的生活课程。特别值得一提的是，在工作中要费一点心去规划和推动。因为，我们现在所处的时代真正处于日新月异的时代，教育需要和社会生活进行更多沟通，需要和社会的各个层面不断进行交流。

四、教室推进技巧

作为教师来说，由于条件的限制，推动“聆听窗外声音”这一行动会存在一些局限性，但是，只要开动脑筋，还是可以大有作为的。

第一， 邀请父母法

请学生父母走进教室，或者展现自己的特长技能，或者给孩子们讲述自己的人生故事，或者讲述自己的职业生涯。

这样的一些讲座，对于成人来说，只需要进行足够的准备工作，并没有什么太大难度，但是对于学生来说，却是非常宝贵的了解社会、了解他人的机会。

第二， 激励儿童法

聆听窗外声音，我们常常容易忽视孩子自身的力量。

孩子就像是一块海绵，会贪婪地认识着世界上自己听到、见到的一切事物。现在的孩子又诞生在一个信息爆炸的年代。这两个特点的叠加，导致校园内的孩子，在校园外聆听到的声音，远比成人想象的更多。

所以，有两种路径可以激励孩子行动起来。可以组织儿童大讲堂，请所有学生轮番担任嘉宾，向其他孩子主讲。

一方面，可以让儿童自行申报主题。不同的孩子关注的点也不一样，就可以让孩子们各展所长。

一方面，老师可以提供一些值得关注的点，请一部分孩子主动围绕这个点进行探索，孩子们又能掌握不一样的信息，从而进行宣讲。

充分发挥孩子的力量，让孩子去听听窗外的声音，回到教室里，向伙伴们传播窗外的声音，这也是一个推动的技巧。

第三， 视频影像法

今天，所有人都对视频习以为常。但是，直到今天，习惯于观看、研究教育类视频的人，相对而言仍然不算多。大家都常常会把教育和枯燥乏味联系到一起，也就导致了有很多非常优美的、非常精彩的窗外声音，没有传播到教室之中来。

因此，教师寻找到精彩的、富有教育意义的视频，和父母或者孩子集中共同观赏，观赏完毕之后，再进行共同讨论和交流。

必须注意：集中观赏和共同研讨，是这一做法的两大要点。否则效果就会微乎其微。

这种方法，是利用了信息时代的优势，已经完全突破了我们所受到的客观条件上的局限。无论是农村还是城市，无论是繁华还是偏僻，无论是自己有多少资源，还是完全是一个新手，没有任何资源，只要老师有这份心，就可以在教室里卓有成效地开展“聆听窗外声音”这一行动。

通过窗外声音，促进校内教育，共同成长，创造幸福，这才是教育中幸福的源泉，也是教育中永远不会干涸的幸福源头。

行动四：

培养卓越口才

——表达，搭建幸福心桥

行动定义

培养卓越口才，通过讲故事、演讲、辩论等形式，让孩子愿说、敢说、会说，从而形成终身受益的自信心、沟通能力和表达能力。

——摘自《中国新教育》

一、要点解析

画家用绘画表达自我，作家用文字表达自我，作曲家用旋律表达自我……口才，是人类表达自我的最常见形式。

无论是关键时刻的舌战群儒，还是日常交流的滔滔不绝，能够把心中所想诉诸外界，是人类的本能需求。

作为新教育十大行动之一，对口才的教育，应该特别注意几个方面。

第一，强调全员口才的普遍提高，不是个别人的特长展示

口才的确与人的性格有一定的关联，一个性格外向的人比内向的人更愿意表达，所以也的确存在着在口才上特别有天赋的同学，但是培养卓越口才强调的是全员的共同参与，强调的是每一个人在自己的基础之上，在口才的表达上全部都有提升，而不是某几个人，某个人的特长展示。因为无论一个人是内向，还是外向，作为一个健康的人，在社会工作生活中，说比写更常用，因此说比写也更重要。

经过恰当的训练，我们每一个人的口才都可以在自己已有的基础上有一个提升。性格内向的人，不会在所有的场合都愿意表达，但是经过口才训练之后，可以在需要表达的时候，在他愿意进行表达的时候，凭着丰富的积累，运用恰当的技巧，自如地进行表达。

第二，强调开口之前先学聆听，不是唯我独尊的独自表达和单向灌输

培养卓越口才，并不是要培养出一群夸夸其谈，只顾自己，对其他人所说、所思、所想毫无感觉，甚至充满厌恶的一群利己主义者。我们特别强调开口之前先学会聆听，以恰当的方式去听别人讲，听别人怎样讲，理解别人讲的是什么，在这样的基础上进行真正地表达。也就是卓越口才的培养，是我们所期待的互相交流，而不是通常意义上的独自表达，或一种单向观点的灌输。

第三，强调对人格自信、思考逻辑、交往礼仪等素养的提升，不是简单片面的口语训练

口才一旦形成，它对人的影响是多方面的。在我们的训练过程中，最希望达到两个方面的能力的提升：一是人格的自信，一是思考的逻辑。即不是进行片面的口语训练，训练一些临场的技巧，训练一些简单的，甚至是哪怕再好的发音的技巧、主持的技巧、播音的技巧，这些都不是我们的目的，我们的目的是希望一个人，通过有胆量向人当面呈现自己的思考，从而让这个人充满自信。我们希望一个人能够在脑海里迅速进行思考、组合，进行有逻辑、有条理、有层次地表达，从而具备批判反思的能力，也就培养了创造的基础。这样培养的卓越口才，才是我们所希望的口才。

口才的训练是我们在教学中常常忽视的一个环节。尽管我们的口语表达在日常生活中是如此普遍，可就像空气是我们所必需的，却又是我们常常忽视的一样，当空气中出现了雾霾，当一个人的口才出现了障碍，才会猛然意识到它的重要性。

在培养卓越口才的路径上，我们所需要探索的方式和方法还有很多，但是这一切都建立在我们对于这一行动的价值和意义，是否有着足够充分地理解和认同的基础上。

二、区域推进技巧

第一， 说写大赛法

我常常告诉大人与孩子：身为专业作家，我所接受的写作训练，其实在小学里已经完成，那就是小学老师教我的“口头作文”。这个童年时期开展的“口头作文”训练，是我人生中和阅读并列的两大成长法宝，也是我研发“童喜喜说写课程”的缘起。

“童喜喜说写课程”以共情生活、艺术观察、智慧倾听、逻辑阅读、哲学思考、精准表达、优美书写这七种武器，通过日常的坚持训练，以说促写，以说为写，最终出口成章。一方面结合着师生共写随笔，把共写变成“共说写”；另外一方面就是培养卓越口才，让每个人的口才不再仅仅是指有准备的演讲和辩论，而是能够在日常生活中更为自然的展开。

说写课程，可以在教室、学校、区域等不同的层面举行。不同层面有着不同的定位和细节。

在区域层面上，适宜采用说写大赛。这样的比赛与一般写作比赛不同。第一，它具有更强的观赏性，评委可以直接感受到选手的综合才能；第二，它举办更为简便，在现场打分评比，时间更短，更节约精力；第三，参与的人更多，只要有勇气都能参与。无论是水平低，还是水平高，人人都可以从比赛中得到成长，在这样低门槛的比赛中，得到自己的提升，尤其是参加比赛的经历，对于一般的孩子来说都是一种自信心的提升，都是一次人生难得的冲刺。

总之，阅读是写作的基础，口语是写作的桥梁，说写课程，它可以轻松地贯通这一切，从而达到几个项目共同推进的省力、省时、高效的作用。

第二， 才艺展演法

口才并不是到了某一特定时刻才需要，而是应该运用在生活中的各个层面，不停进行。因此，应该为不同水平的人，结合对方的不同特长爱好，提供提高口才的平台，也就是提供展演的机会。

邀请所有的教师、学生、父母，以不同的节目来展示自己的口才，无论是快板、评书、相声、故事……最不擅长口语的人，也可以表演朗诵。这样寓教于乐，能够提高大家对"培养卓越口才"行动的参与度，通过更积极地参与，让这一行动的理念更深入人心，自然而然也就可以赢得更多的支持。

第三， 培训研修法

比赛是为了对水平优秀者进行选拔，展演是为了给更多人群提供机会，研修则是对某一区域的优质人才进行深度跟进，从而对有才华的人群给予进一步提升，形成人才梯队。

在培训研修法的实施中，要注意研修的系统性。日常研修不像学生的脱产学习，有着足够的时间。因此，在设计活动中，就要格外注意在一段时间中研修的场次、内容上的互相照应，这样才能取得良好效果。

第四， 兴趣社团法

结合着人才的选拔所进行的，应该是成立不同社团，如演讲社团、评书社团、快板社团，等等。

不同的社团，可以通过不同的大赛，进行优秀人才的选拔，选拔之后就以社团的方式固定。为这些社团提供适度的资源，安排相应的计划，制定相关的制度，就能比较稳定地开展活动。

这一行动，并不需要区域性的领导机构出太多人力财力的支持。因为，以兴趣爱好汇聚的人，他们更多关注的是从这件事情中得到的成就、满足和幸福。

第五， 专题培训法

口才的专题培训，建议结合着大赛进行，而不要单独进行。

大赛会邀请相关的专家评委，专家评委对大赛进行点评，本身就是对选手的指导和对听众的培训。

同时，比赛结束之后，专家评委再来进行讲解交流，就是更加有针对性的专题培训，以这样的方式就可以把这一行动层层深化。

三、学校推进技巧

第一，　喜阅说写法

在推动“童喜喜说写课程”的开展上，学校有特殊的优势：铁打的营盘，稳定的场所，充足的时间。因此，在具体措施上应该结合着这些特殊优势进行。

首先，要特别注意，围绕“读写之间说为桥”的课程理念，让丰富的阅读成为说写课程的源泉，这样也让学校的书香校园建设进一步深化。

其次，则可以围绕学校的特点，进行拓展。

比如，结合环境法。可以在学校内招聘校园小导游。小导游可以在课间十分钟内在校园游走，向人们介绍校园的特点，提醒人们关注校园的美丽。

比如，活动改进法。在活动项目选择过程中，把即兴演讲作为其中的一项，这样就能够通过不同方式、不同层面的选拔，在所有环节都把口语的训练、口才的提高、表达的提升，作为关键技能进行随时强化。

第二，　特制景点法

在学校内，由学生们投票选择学校最可爱、最吸引人的若干个地方，然后请同学们用口语表达的方式为这些选出来的景点创作故事，这样就容易把孩子的心声和校园的环境结合起来。这样的软硬结合，不仅仅可以提高说写课程的能力，还能提高学生对校园的喜爱，提高学校的凝聚力。

第三，　口才擂台法

在学校可以长期设置擂台，由学生以接龙的方式，在课余的时间进行，请学生担任评委，一个又一个进行挑战。

这样的擂台，本身就可以成为学校的人文景观。通过设置不同的竞赛规则，全面激发学生的参与。

这样的擂台，也是一个激活校园文化、让学生突破教室的限制进行更大区域交往的一种方法。

第四，师生共赛法

师生共同参加比赛，能够让师生加强凝聚力。这样的共同比赛是指教室和教室之间进行，一个班级和一个班级之间进行，是一种集体的比赛。因此，比赛的过程，也是一个不动声色地促进老师自身提高的过程。所有这样的比赛都可以让班级更加紧密地凝聚为一个整体，让学生更有集体荣誉感和更多的展示空间，同时也让老师在不知不觉中提高，意识到自己的差距。

四、教室推进技巧

第一，说写课程法

教室是进行说写课程训练的关键枢纽。在训练中，要特别注意说写课程的课程化，也就是以课程的方式，针对学生自身所处的不同阶段，结合说写课程不同阶段的要求，进行集中而深入的训练，尤其是针对不同主题进行深入的挖掘，针对不同内容进行综合，与其他教育教学工作相结合，不断丰富。

需要注意：应该让每一个孩子都在说写课程中有所提高，而不应该把说写课程变成有天赋孩子的大舞台。所以，教室里的说写课程要多举办活动、少举办比赛，避免让内向的、口才不好的孩子面临过高的门槛。一旦出现有学生出现障碍，害怕表达或者不愿表达，就必须以协助这样的学生增强自信、越过障碍为目标，而不能以多数学生的水平为目标。

第二，故事讲述法

故事讲述法是一种起步时的训练方法，对受众的要求很低。也就是将已经听过、读过的故事，向其他人复述，通过复述的过程培养口语的流畅，语调的传神。因此，故事讲述法其实是对说写课程进行的一种前期的准备。

第三， 演讲训练法

演讲法和故事讲述法相似，它也可以在说写课程之前进行，作为前期的一种铺垫。演讲法和故事讲述法有一点不同，那就是故事讲述讲的是他人的故事，讲的是已经存在的故事，演讲法是在故事讲述法上有所提高，演讲通常讲的是自己想说的话，讲的是自己的心声，讲的是自己的故事，是从生活中提炼出来的故事。因此，演讲法多了素材的积累、写作的训练，比故事讲述法难度稍高。

第四， 戏剧综合法

演出戏剧，是一种综合能力的训练。其中，担任某个角色，就能培养口才。

在演出戏剧的过程中，需要背诵台词，需要有声有色、绘声绘色地说出台词，需要肢体语言和口头语言相结合的表达和训练。

所以，在这样的过程中，演出戏剧通常会让人在不知不觉中，在一个人真正融入角色之后，形成一种自然而然的口头表达能力。

第五， 日常交往法

口才方面的训练，归根结底还是要回到生活中，那么，我们在生活中常有的那些交往的语言，也应该通过说写课程，通过口才的训练得到进一步提高。

日常交往法，就是这样一个吻合双方需求的方法。平时，我们可以在日常交往中有意识地为自己树立一定的标准，比如说，不要多说废话；比如说，交往围绕一定的主题。以这样的方式，我们同时还可以根据不同的交往情境，模仿相应的情境，进行相应的口才训练的表述。

第六， 才艺表演秀

围绕不同的兴趣进行兴趣小组的自组织，是学生中常见的一种方式。卓越口才就可以作为其中的一个专题，通过不同的兴趣小组对行动进行深入。尤其是语言类的专场活动，比如电影台词模仿、诵诗、演讲、相声、小品、笑话、辩论、沙龙等等。

因为共同生活的经历非常丰富，这样的兴趣小组会引发更多共鸣。根本不需要发愁活动如何展开。只需要老师在班级中或者在不同的小组中，为这样的表演提供足够的舞台，就可以充分发挥成员的积极性，让大家更爱说，从而更会说。

第七， 亲子互动法

围绕着不同的主题，请学生和学生父母进行互相交流。要求具有一定的时间，说够一定的长度，对话进行一定的回合，并且提出自己的观点。

这样既训练了口才，也训练了双方交往的能力，更重要的是，在这样不知不觉的训练中，能够让学生和学生父母互相平等沟通，互相有说出心声的机会，互相有聆听对方想法的时间，从而达到更好的、更完整的教育效果。

总而言之，只要我们愿意多花一点时间，我们就不仅仅是训练口才，而且增强人的自信和提高人的表达能力，最后，也促进学生的写作能力。

这样“培养卓越口才”的行动，可以选取适当的内容延伸到我们教师、父母的学习中，以这种轻松、愉快的方式让父母们能够在离开课堂已久的情况下，更好也更积极主动地提升自己多方面的素养，从而达到教师、学生、父母共同成长的幸福教育境界。

行动五：

构建理想课堂

——教学，师生并肩深耕

行动定义

构建理想课堂，通过创设平等、民主、和谐的课堂气氛，通过在人类文化知识和学生生活体验之间形成有机的联系，实现高效的课堂，并追求个性的课堂，从而实现知识、生活和生命的深刻共鸣。

——摘自《中国新教育》

一、要点解析

课堂，是师生的战场。

一个好的战场，就是老师和学生肩并肩地向知识挑战，向未来挑战。

一个坏的战场，就是老师和学生互为敌对的双方，老师想让学生学，学生偏偏不学，学生和老师不仅从情感上，也从教育教学的效果上，完全处于背道而驰的状态。在这样的课堂上，老师将会沦为一种被动的状态，教学工作将会吃力不讨好，甚至于教学越用力，老师越不讨好。

所以，当我们关注课堂的时候，特别需要关注一些根本性的原则和各种实用的方法。通过这些原则，可以明确当下课堂应该建立在怎样的原理之上，只有原则可以把具体的日常工作进行标准的对照。与此同时，我们需要更多的方法，只有可操作的真正实际有效的方法，才可以把原理真正运用到日常教学之中。

人们常说，教学相长。课堂的重要性，无论怎样强调都不为过。

新教育在理想课堂的探索上，有过两个历史发展阶段。第一阶段，以“参与度、亲和度、自由度、整合度、练习度、延展度”这六大纬度对课堂进行解析。

第二阶段，在六大纬度的基础上，从新的侧面提出三重境界：第一重境界落实有效教学框架，第二重境界发掘知识的内在魅力，第三重境界知识、生活与生命的共鸣。

立体的课堂，从不同的角度，可以进行多纬度分析。如何才是我们理想中的课堂？如何才能构建理想课堂？这些年，我走进过近百位一线教师的课堂，深受启发，也对此进行了一些思考和梳理。

（一）理想课堂应该是什么样子的

1. 理想课堂，应该是一个后喻的课堂

后喻，指当下所处的后喻时代。美国学者玛格丽特·米德在《文化与承诺》一书中，对社会关系变迁进行了分析，将人类分为“前喻文化”“并喻文化”和“后喻文化”。其中，前喻文化时代的知识传授通常是长辈传晚辈，晚辈向长辈学习；并喻文化时代的知识传授通常是同辈相传，长辈晚辈相隔较远；后喻文化时代的知识传授通常是晚辈传长辈，长辈向晚辈学习。

当今的中国，学校教育层面基本处于前喻文化时代，社会教育层面则更多处于并喻文化时代，后喻文化时代的情况发生在少数优秀的家庭、少量优秀的学校里，虽然还未成为主流，但已经展示出方向的引领力量。

所以我们会发现，今天的课堂上，善良的老师、勤奋的老师未必就能够构建出一个如意的课堂，未必就能够实现自己的教育教学目标。

后喻时代的课堂，有一个特别明显的特征，就是我们一定要把课堂还给学生。只有把课堂还给学生，教师才可能在后续的课堂之中占据自己应该具有的主动权，恰恰因为这样一种放弃，教师才可以在放弃之后立于不败之地。因为当我们默许、默认了学生的主动性的时候，其实教师就从一个无所不能的角色变成了一个协助者的角色；同时，一个教师不可能是万能的，现在的知识之丰富，不是

一个人的大脑容量可以轻易容纳的，把学生的主体地位树立了之后，恰恰就可以和学生肩并肩地在一个平等的位置上，共同面对遇到的新知识、新问题，教师一方面可以把一个学生的问题提给所有的学生，另外一方面也可以把所有的问题由教师和学生一起探讨，共同寻找答案。

因此，后喻的课堂，意味着一个平等的课堂。

2. 理想课堂，应该是一个人本的课堂

以人为本，意味着是以教室之中、以课堂之上的所有人为本。因此我们应该意识到：课堂既是以教师为本，也是以学生为本——以人为本应该定义为课堂上的这两类人群。从广义上而言，我们可以把教育发生的地方都称为课堂，那么课堂同时延伸到家庭之中，意味着也要以学生和父母为本。

这样一个以学生、教师、学生父母为本的课堂，它体现出两个鲜明的特点。

一方面，从老师的教而言，意味着应从学生的心理出发，进行知识体系的梳理和具体知识的传授。尽管使用同样的教材，但是从哪一个侧面进行切入，如何围绕生命的不同阶段呈现的特点、学生最容易产生火花的兴趣点来切入，这是体现一个教师课堂智慧之所在，也是体现一个教师对自己班级学生熟悉程度之所在。

另一方面，从学生的学而言，人本的课堂意味着从学生的生命的需求出发，在自身的主动探寻过程中，身心敞开之处，皆为课堂。学生对老师的尊重，不再是师道尊严的僵化的尊重，而是对于共同探寻真理的伙伴的尊重；学生对知识的学习，不应是枯燥无味的简单重复或偶尔激发的短暂好奇，而是对自然奥秘的孜孜以求，对自身成长的不断超越。

3. 理想课堂，应该是一个生成的课堂

生成是指在课堂中，老师和学生在不断对话、不断碰撞中，引发起不同的走向，而不是如同传统课堂那样，对一个课堂就如同导演来导一场戏，早已经有了设计好的台词脚本。如此生成的课堂，也意味着学生的学习主体地位得到确保，同时，教师的教学主导地位也得到执行。

一个生成的课堂，并不是指说到哪里算哪里。一个非常重要的知识，未必会被学生接受，一个非常需要学生掌握的知识，未必会让学生感到有兴趣。用一个比喻来说：在生成的课堂上，学生和知识就像男性和女性，而教师就相当于一个媒人。教师做媒之前，首先要对双方进行一些了解，要对大致的情况进行一些匹配。就在路上随随便便拉来一男一女，不分青红皂白地随意做媒，成功的概率能有多少呢？生成的课堂上，老师的主导作用正是体现为这种匹配的智慧。

所有的知识都是人类探索出来的。但是，在我们有限的学习时间里，在人类有限的生命里，如何去挑选知识、如何去组合知识，才能实现知识最大的功效，才能把知识转化为智识，让学生在运用中形成自己的智慧，这也是老师作为主导者，应该承担的在学生与知识双方之间进行有效沟通的责任。

所以，生成的课堂指的是学生和知识双方因为教师的调适而进行密切地互动。这样互动最后诞生的结晶，自然就是我们所需要的教学结果，会自然而然地达成我们所希望的教学目标。

4. 理想课堂，应该是一个多元的课堂

因为我们强调理想的课堂中需要重视生成，自然就可以推理出，在生成的过程中，必然会百花齐放，甚至会百家争鸣。

作为老师，他可以有自己的喜好，并且可以用自己的喜好去影响学生，但是任何老师要想取得一个理想课堂的真正结果，必须得尊重所有的声音，必须让这个课堂形成多元的、开放的思维碰撞。也只有在这样多元碰撞中，我们才可以把人类所遵循的真、善、美，在孩子的心中真正扎下根来。否则我们所提供给孩子的再真、再善、再美，对于孩子来说，那也不过是外界给他的一个信息而已。

在传统的工业时代中，信息量相对比较少，甚至堪称匮乏。在那样的时代里，你给孩子一个真善美的信息，孩子会如获至宝，会反复思考，把它真正化为己有、化为己用。

在现在这样信息泛滥，每个人都会被海量信息淹没，一个人的注意力能成为稀缺资源是因为能够引来无数信息交锋，我们应该特别注意：在这样的时代中，我们只有把人类应该遵循的那些真善美，与孩子们各自所具有的一些倾向，不断进行碰撞和交锋，不断深入交流和研讨，才能让孩子们在再一次的独立思考、自发选择中，真正根植于内心，形成相对稳定的结论。

特别值得注意的是，在一个多元的课堂中，我们可以比较好地解决一直争论不休的应试教育和素质教育之间的冲突。书面考试，它提供给人们一套可供检测的标准的教学大纲，也给了我们一些可供参考的标准答案。这些答案并不是错的。我们唯一需要注意的是：这些答案，只是诸多答案中的一种。所以，在一个多元的课堂上，我们可以用标准的答案去迎接我们所必须面临的测试，同时又能提供更多其他思想的素材、各类观点的碰撞，这样就可以把我们共同学习的内容，无论是教材还是其他补充的读本，进行丰富而又个性的解读。最终我们得到的，就不是抹杀个性的千人一面，而是百花齐放的千人千面的解读，最后求大同存小异得出的，才是我们通常所谓的主流观点。

5. 理想课堂，应该是一个完整的课堂

课堂的完整，有几个方面的含义。

完整的课堂，指的是时间上的完整，指的是包括课前、课中、课后。也就是说一节完整的课堂，和前期的准备、中间的实施、后期的补充延伸分不开。

完整的课堂，也指人员的完整，即在课堂上除了学生、教师，还包括在学生背后起作用的父母等相关人员。他们所具有的力量，都会或显或隐地体现在课堂中。

完整的课堂，最重要的含义是指：把一节课放在课程的整体、放在教育的整体、放在生活的整体、放在生命的整体乃至社会的整体之中，一步步、一层层地对照、反思、落实，只有这样同时明晰大中小不同级别的目标，才叫作对课堂真正胸有成竹——课堂是课程的横截面。一位老师，仅仅只想着自己备的这一堂课应该有什么重点，这是远远不够的。老师应该意识到这一堂课在这个课程之中，处于哪一点，跟其他相关的点有怎样的联系和区别。这就意味着思考一节课时，教师的心中应该有完整的课程。

仅有完整的课程还不够，教师还应该意识到课程只是学校教育的支流——通常一部教材中有着很多课程。因此，在一个课程的规划中，需要有整体意识，课程的安排，需要张弛有度，这是好的学校教育必备的特质之一。

更进一步来说，仅有教育还不够，教育生活只是生活大潮中的一部分。在生活中，非教育的因素还有很多，但是，所有非教育的因素都会以教育的功效呈现在教育的结果中。当教师之所以困难，就难在当老师希望学生掌握什么知识技能的时候，其实老师不是就这个知识与孩子沟通，而是就这个知识与孩子之前所有的生命状态来沟通。所以，应该把对教学工作的思考，融入对学生的整体生活中进行，这就意味着对学生的整体生活——包括学生的学校生活、家庭教育生活以及社区（社会）生活，尽量做到完整的了解。

生活，也不是教育的真正目标。教育是指向一个完整的人，完整的人指的是一个人的生命。生活只是生命的横截面。生命是一个完成时——当我们说到一个人如何的时候，指的是这个人以前所有生活最终形成的这个人如今的状态。所以一段生命是由一个又一个日子、也就是一截又一截的生活时段组成。只有意识到这一点，自身存在就意味着教育的老师，在迎来每一天的时候，才会意识到每一天都是如此的新鲜，擦亮每一个日子就等于真正呵护了生命。不仅是呵护学生的生命，也是让自己的生命变得有价值，变得有意义，从而充满幸福感。

师生这样被擦亮、被点亮的生命，彼此之间进行交流、碰撞、融合，最后形成的就是一段你中有我、我中有你、彼此交织的人生。这样彼此取暖的人生，是一种充满关怀与温暖的社会生活，就形成了互相作用、互相影响的良性生态系统。

因此，人生应该是幸福完整的教育生活。一个人只要点亮自己，必然照亮他人。以“只要点亮自己，必然照亮他人”的观点反观课堂，身为教育工作者，我们就可以把外部环境的复杂划归为自身行动的简单：育人是艰难的，可是相对于育人来说，上好一节课又是容易的；育人是一件大事，可是这样一件大事，就从一堂又一堂的课开始。

正如老子在《道德经·第六十三章》中所说的那样：“天下难事，必作于易；天下大事，必作于细。”这样精心磨好一个又一个细节，课堂就是一个熠熠生辉的平台。师生点亮的生命在这个平台上互相映照，绽放更为璀璨的光芒。

要想实现这样的理想课堂，当然需要一系列的步骤。

（二）实现理想课堂需要注意的要点

1. 理想课堂的备课，强调做好多方的充足准备

关于备课，有一个大家耳熟能详的故事。苏霍姆林斯基（著名教育家）在上完了一堂精彩的课之后，别人问他备课花了多长时间，他说：“对这节课，我准备了一辈子。而且，总的来说，对每一节课，我都是用终生的时间来备课的。不过，对这个课题的直接准备，或者说现场准备，只用了大约 15 分钟。”这样的故事我们听得很多，多到了最后往往会觉得气馁，为什么别人可以花很少的时间

备出很好的课，而自己却用了很长的时间，课却备得不尽如人意呢。其实和所有的工作一样，都有一个熟能生巧的记忆上的问题。从技术到艺术，从技术的精益求精到艺术的游刃有余，这是一个长期琢磨、条分缕析地思考、扎扎实实地落实、坚持不懈地调整，到了最后才可以形成条件反射一般的过程，所以理想课堂的备课可以分为以下几个方面：

首先，是教育理念上的备课。也就是说一位新教育实验教师应该把幸福完整的教育生活这一理念落实到自己的课堂中。在一堂课中，每一处的过程都应该展现出幸福和完整，而不仅仅是最终的结果，让学生掌握了怎样的结果，只有过程的幸福完整，才会累积出幸福完整的结果，才是一堂理想的课堂所追求的目标。

其次，就是在实物教具上的各种准备。一个信息时代能够使用的各种实物的教具，其实已经数不胜数，只要我们稍微留心，就可以运用更多的资源，让我们的课堂更轻松、更省力，同时更活跃、更高效。

接着，就是学生认知状况的准备。学生的认知状况分为两个方面：一方面是已有的心理状态，也就是学生最近一段时间在学习上处于怎样的状态，从整体学生的把握到个别特别需要注意的，教师应该心中有数。另一个方面就是学生已有知识的积累，在备课的时候就是学生正在做我们所进行的预习题的时候，我们要充分运用现在身处后喻时代的特点，就像前面所说的那样，把对学习的追寻，由老师拼命教、孩子无心学变成孩子自己学、老师轻松协助。预习就是在这一点上能够取得非常惊人的效果。因为在预习之中，孩子是真正的学习主体，一方面可以呈现出孩子已有的知识储备；另外一方面也可以呈现出孩子目前的学习状态。同时，孩子在新的一堂课中所欠缺的、所掌握的都能够一目了然地呈现出来。

最后，备课还意味着教师自身状况的准备。教师的自身状况其实也分为两种，一方面是自身知识储备的准备，也就是说，对于即将要讲的这堂课，知识的重点是否心中很清楚，教学的目标是否心中很明白，以及在教学中可能出现的难点，知识的来龙去脉自己是否已经掌握了足够多的背景，这些自身对知识的准备，会让一个老师在走上课堂时充满自信。另一方面就是老师自身身心状态的准备。身心状态不仅仅是指老师有一个热情洋溢、轻松愉悦，同时充满了感染力的教学状态，这的确是我们所需要的，但是我们同时常常忽视的另一种状态，丝毫不能放松的，那就是当老师走进教室的时候，必须是一个完全放空的状态。也就是说老师自身知识储备得再多，掌握得再多，当他走进教室的时候，他也不能够以一种知识的占有者、丰富知识的拥有者的心态来开始讲课，他应该回到原点，回到就像自己任何事情都不知道的原点，以一个初生婴儿一般的眼光来面对这一切，只有这样才能像前面所说的，在后喻时代掌握课堂的主动权，才能够真正在课堂上立于不败之地。因为当老师处于这种状态的时候，才能够真正和学生一起肩并肩探索知识，一起共同去面对未知，而不是老师和学生站在两个端点，老师教学生应该如何如何。只有在学生学习需要老师助一臂之力的时候，老师才可以作为协助者提供自己的力量。这样的老师会在感情上赢得学生的喜爱，会在知识上得到学生的依赖。在这种基础之上所建立起来的师道尊严是人和人之间的互相尊重，从而获得学生由衷的敬与爱。

2. 理想课堂的教学，强调语言的艺术表达

好言一句三冬暖。

一位好教师必须要在语言的表达上积极进行自我锤炼，自我提高。同样的一句话，有智慧的表达能够激起孩子的愉悦，能够激发孩子的兴趣，不恰当的表达就会适得其反。这是教学中的“教”，从教师层面来说。

教学中的“学”，从学生层面来说，也同样要注意培养孩子语言艺术的表达。我所探索的“童喜喜说写课程项目”，正是对课堂艺术的口语表达，结合日常思维中的逻辑思考进行梳理、归纳和提升。如果我们能够有意识地让课堂中的学生，无论是彼此间的交流，还是回答老师的问题，都能够进行一些口语的规范训练，那么，作文教学将超越所有学科，成为学科的写作教学。同时，所有的学科，尤其是理科，将同时充满人文色彩，从而让孩子们在不同的课堂上能够不仅仅学到不同科目的知识，更能学到对自身感受的准确乃至精彩的表达。

3. 理想课堂的手段，强调方法的与时俱进

无论是手机、白板，还是电脑，在我们工作中能够运用的方法很多，一个小小的视频，可以把千里之外精彩的一幕，直接挪到教室里；一段美妙的音乐，可以在一瞬间就营造出一种情境；一张美丽的图画，可以定格一个精彩的瞬间，让我们的教室突然进入另外一个环境之中。这些手段，来自教师日常的积累，所以，老师应该为自己安排空闲的时间，在空闲的时间里，积极地去进行各方面的娱乐。这种娱乐就是一种精神生活，无论是去旅游、看电影、听音乐、看画展，

还是读书、上网聊天甚至玩游戏，这一切的一切都包含着教育的元素，重要的是老师能够把工作和生活进行一种智慧的结合，而不是根据工业时代里的分类，进行一种人为的分裂。当我们从事任何其他活动的时候，如果能够从教育这一点去观察，从教育这一点去捕捉，从教育这一点去思考，从教育这一点去积累，从而在我们的课堂中以更丰富、更多彩的教育资源的方式、教育的手段把它们运用起来，这样的课堂必然更加精彩。因为所有的学生都可以通过这一切感受到教师丰富多彩的生活。因此，种种手段、种种工具，并不是指老师为此要额外的多做些什么，而是指老师要有一双教育的眼睛，有一颗教育的心灵，用眼睛去捕捉，用心灵去保存，这样就能把我们平凡生活、日常事务中所遭遇到的细节，也都可以拿为教育所用、挪在课堂之中，取得最好的教学效果，而并不花费额外的更多的时间和精力。

4. 理想课堂的内容，强调资源的拓展研讨

所谓教材，只是教育的素材，课本只是教学资源中的一部分，跟教材相关的资源还有很多很多，除了和教材相关的已有资源之外，根据不同的老师对于教材的理解，以及对于教材的运用，可以进行补充的内容，进行拓展的内容还可以更多。

新教育实验一直强调无限信任师生的潜力，为什么要无限信任呢？因为信任本身就是一种力量。那么，除了信任之外，还应该做些什么呢？在课堂上，我们应该有意引入其他更多更丰富的资源，不管是更多的文章，还是相关主题的影视、音乐、动画等等。总之，当我们的内容更为丰富，教师就能够帮助学生发现潜能。因为，学生只有面对新事物的时候，才会在这样的遭遇中，发现自己对新鲜事物的感知。因此，提供丰富的内容，也就意味着老师应该激励学生挖掘潜能。所谓的激励，就是应该呼吁学生根据自己的兴趣，不停地去创造，只有这样的创造才能把和新鲜事物的遭遇变成一个美丽的开始，而不是仅仅拥有了这一个美丽的事物就结束了。

5. 理想课堂的思维，强调激发有效的思考

在这一点上，特别强调教师应该善于启发，应该学会激励，应该能够和学生形成思维的碰撞，应该懂得如何以问题的方式引导学生不断向前行走。

对于思维的引导应该从激发兴趣开始，激发兴趣，不能是泛泛而论地激发兴

趣。我们应该向美国心理学家布鲁纳说的那样：学习的最好动机乃是对所学教材本身的兴趣。因此，老师应该善于从教材和学生的认知特点结合出发，以合适的方式、内容或者手段来激发孩子对于所学教材的兴趣。激发兴趣还应该放在结尾，当我们用不同的问题形成一个又一个台阶，让学生一步又一步走到一个课堂结尾时，我们应该打开课堂的大门，通过探讨得出许多答案，也可以由老师进行确认，说明其中哪一个是我们考试中需要的标准答案；但是老师一定要到了一堂课结尾的时候才把课堂的大门打开，也就是把它继续开放，用激励的方式告诉大家可能还有更多的答案需要大家继续探索。这样留足可能，才会成为学生不断前进的起点，也就是说课堂的结束，是新的探索的开始。

在这样的思维运转过程中，我们就可以很容易辨别哪些学生是在盲目应对，甚至是迎合他人的答案，又有哪些学生是真正在思考应该有怎样的答案，所以课堂是安静、悄无声息，还是热闹、叽叽喳喳都不重要，因为这些都只是外在的形式。真正的内在应该体现在学生眼里的光芒，学生是否一直在思维，在沿着寻找知识的路径往前探索。这样的一条路径，老师应该是学生的同路人。

6. 理想课堂的管理，强调自律的无声养成

所有的管理都是提供一个规章制度，对人的言行进行规范，这是一堂课上所需要的最基本的纪律保障。但是在教育中，管理本身就是教育的一部分，我们如何能够把外在所需要的规章制度，变成学生从内心深处希望养成的一种自我规范、自我约束呢？这才是在教育中，尤其是在课堂上，对课堂纪律进行管理，最需要达到的一个目标。所以，第一在管理上要积极，当课堂上没有发生问题的时候，我们在设计一堂课的时候一定要注意发挥知识的魅力，发挥教师的魅力，发挥孩子之间探索的心理的魅力。

以美好的人与事吸引孩子、激发兴趣、启发思考，当所有的孩子都在沿着这样的方向去前行的时候，自然而然地会保持课堂教学所需要的纪律。同时，一旦发生问题，也要以积极的方式进行管理，很多缺乏经验的老师在课堂纪律发生问题的时候，总是急着去批评那些出现问题的孩子。但是稍微有一点经验的老师都会发现，同样是出现了类似的课堂纪律的问题，如果你要是去批评孩子，哪怕你批评的是那个值得批评的孩子，课堂现场的纪律也不可能马上就恢复过来，大家的关注焦点全在那个犯了错的孩子身上，这时有同理心的，甚至蠢蠢欲动，自己

也想犯错；而那些认真听讲的，这时也会愤愤不平，他们会急于批评这样的孩子。正确的做法就是以赞赏表现优秀的学生来进行课堂纪律的管理，这时候大家的视线会马上被课堂上那个表现优异的同学所吸引，表现优异的同学所呈现的榜样的力量，结合着教师职业本身的威严，会立刻让课堂的纪律变得好起来。

课堂纪律管理的时候要灵活，要学会采用多种手段。已经有科学家研究证明：人的注意力时间长度是有限的。儿童一般十分钟左右，就会走一次神。这是被科学家证明的正常的现象，因此，一旦出现了这样的时刻，与其特别焦虑地去解决问题，不如放得轻松一点，和学生一起换一个思维。因此，老师非常有必要准备一些短短的故事，甚至是有趣的笑话，也可以准备一些有趣的图片或者动人的音乐。在学生集体感到比较疲倦的时候，用一些故事、音乐、图片，在短短的三两分钟时间里，激活学生的思维，让学生哈哈大笑之后，自然而然消除了精神上的疲劳，消除了学习上的倦怠。这样灵活的方式，有经验的老师会随时调整，年轻的老师则需要在自己的教学生活中，有意积累，同时我们还可以利用学生自身去进行积累，比如我们可以让学生自己表演一个小小的节目，无论是唱几句歌，甚至跳一个舞或现场来一个短短的演讲、讲故事，这样一些灵活的手段，表面上看似乎扰乱了课堂秩序，其实是真正激活了孩子的大脑，会让接下去的学习、教学都变得事半功倍。

在管理上还要做到民主。民主就是指老师把课堂上的师生管理变成生生管理。在课堂管理中，老师为了培养孩子的自律，不妨先偷一偷懒，换一个角色思考，老师可以想象一下，回忆一下自己作为学生的时候，当老师进行批评教育的时候，自己会觉得服气，还是觉得害怕，如果是前者才是教育起到了作用；如果是后者，其实并没有起到根本的作用，那么这样的过程还往往会影响师生之间的关系的融洽，从而影响到接下去的教学。在课堂管理上，老师不妨放手让学生进行课堂管理，因为有一部分学生的确缺乏自我的意识，没有感觉到自己是课堂的主人，他们的思维并没有跟随着大家一起在知识的海洋里遨游，因而会出现各种纪律上的问题。这时作为老师可以让其他的学生成为表率。其他学生成为表率的时候，也就是优秀的学生，体现自己是课堂主人的时候。这样的时刻，老师可以用关爱的目光去对优秀的学生进行注视，并且在课堂中表扬这些积极参与者。同时，以这样的观察，暗中留意那些没有积极的被动参与者，然后通过对于课堂规则的提醒，让优秀的学生在回答课堂规则的时候，就等于对表现不良的学生进行了批评，进而在对表现不良的学生根据既定的班级规则进行惩罚的时候，也不妨由学生自主地根据既定的方式进行惩罚。这样的惩罚，不仅回避了教师所带来的高压，而且这样的效果会比老师亲自进行课堂管理更好，尤其在培养学生自律能力上，更是有着截然不同的反响。

也只有这样，一个教师才可能真正培养出优秀的学生，因为真正优秀的学生必然是具备了良好的自学习惯，同时有着足够的自学能力，而且能够用足够的自律性，进行自我教育的人。只有这样的学生，才是我们所要培养的目标。

这样，首先可以积极预防在课堂上可能出现的纪律问题；其次，在解决纪律问题的过程中，因为让学生普遍参与，从而把管理课堂纪律的工作，变成了学生学习和成长的契机。

当然，课堂管理的背景，我们应该强调所有的规则都是由师生共同协商、共同制定。课堂管理的准则是公平公正，尽量取多数，老师不能只关注少数的几个孩子，应该一视同仁。课堂管理的要点则是师生平等，不要采用压服或者压制的方式来对待学生，应该互相尊重。这样才能真正实现课堂管理带来长远的良好效果。

7. 理想课堂的练习，强调方法的精细指导

所谓练习，其实就是对知识的运用。因为练习习题，可以达到一种熟能生巧，从而达到自动化解题的效果。我们在教学中，常常没有注意到要根据练习来指导学生的方法、提高学生的能力，只是把练习简单地变成了多做习题的题海战术。这种做法不仅扼杀了学生练习的兴趣、运用知识的能力，同时还让学生厌倦学习，导致适得其反的后果。

在理想课堂上，我们要注意课堂上的精确练习。教师应该积极地去寻找一些有特点、有代表性、从不同侧面体现这节课需要学生们掌握的重点难点的题目在课堂上进行练习。课堂练习一定要题目短小精悍、题型科学合理、难度吻合基本学生群体的需求。在课堂上学生运用自己的所学，对这些题目进行解答的时候，教师所做的才真正是一个授人以渔的过程，即教师通过指导学生对所做的习题进行精确地点评，对学生的学习方法进行相应地指导，而且这种指导是结合学生学习的特点进行。

这样指导的过程中，老师可以非常明确地感受到学生的习惯、思维的方式、运用的方法，进而从不同方面，进行有针对性的指导。这样的指导，一方面可以提高学生掌握知识的牢固程度；另一方面可以激发学生更深入地积极思考。

同时，教师还可以有针对性地对不同层次的学生给予不同的要求。我们特别希望课堂上的练习是没有分数的，如果有分数，全部都是满分，只要学生在经过老师的提醒后，能够正确完成。

这样的练习有两个技巧：一是针对优秀的学生，老师在为优秀的学生进行作业点评之后，应该给学生提出更难的问题，让优秀的学生也能够有更进一步的阶梯可以去深入思考，因为优秀的学生平时在做正确后，可以迅速地得到成就感。给他们提供新的挑战，一方面是不浪费他们的思维，不浪费他们思考的时间。另外一方面是培养优秀的学生“天外有天，人外有人”的健康、谦虚、谨慎的学习态度。二是针对特别差的学生，或者说针对在课堂练习上出现错误的学生，老师一定要以启发式、激励式的方式提醒学生思考。通过思考之后，让学生自己进行修订，一直到修订正确为止。这样老师像牵着孩子的手爬山一样，用智慧为孩子开辟出一条攀登的道路，尽快地让孩子克服自卑感，转变畏难的情绪，激发对学科的兴趣，掌握思考的方法，从而能够尽快走上一条正确的学习之路。

课堂上的练习是如此关键，如此重要，在理想的课堂上，就要真正地给学生留出练习的时间，让知识练习变成学生的运用能力，让学生在成就感的激发之下，更加积极主动地进行学习和思考。

8. 理想课堂的补习，强调课后的有效跟进

课后补习分为很多种方式。

家庭作业，就是课后巩固的补习方式。这种补习需要一定数量的积累，才能形成稳定的技能，形成娴熟运用知识的能力。

还有一种补习，是基础知识的补习。很多学习不够好的学生，并不是仅仅当场学习没有长进，而是在此之前就在知识点上有欠缺、有漏洞。任何时候，一旦发现学生有这样的问题，教师就应该把课堂上所发生的问题，如果在课堂上没有时间单独进行解决，就需要在课后进行有效的跟进补习。这种补习又有很多种方式，老师亲自讲解是一种方式；同学之间，尤其是优秀的学生对这类问题掌握之后进行传授也是一种方式。

特别建议，知识点的补习，尽量不要让学生父母参与其中。因为学生父母并不了解这些知识点到底在哪个细节出现了什么问题，一方面很难提供正确的解答；另一方面，父母的情绪会干扰到在课堂中本身被激发起兴趣的孩子，孩子对不同的知识点充满好奇，一旦父母的情绪和孩子的情绪对应起来，就会造成一些不良的后果，这是在课堂中应该注意的。

我们还要注意一种补习，对于基本自学能力的补习，也就是对于阅读能力提升的补习。在教学工作中，常常会发现越是年龄大的孩子，越难以提高考分。这是为什么呢？因为有一种能力隐藏在日常生活中并不被人发现，那就是阅读能力。阅读是根据字面来理解它的含义，随着现在考试体系越来越活，学生在阅读题目时所需要的阅读能力也越来越多，而认字并不等于会阅读。比如，“今天真热”这样的一句话，我们知道是什么意思，可是如果让小学一年级的孩子用“天真”造句的话，孩子可能就会说“今天真热”。这就是典型的会认字，不会阅读的例子。因此，在基础知识出现问题后，尤其是理科的学习、提高遇到了问题后，一般情况下，教师也好，孩子也好，父母也好，很难想到从根本的方面进行补习，都不会从提高阅读能力方面去补习。

因此，在补习中，我们首先要进行的是科学地分析，只有科学分析，才会有的放矢，才会有针对性，才会有高效率，才会出现有效跟进。

9. 理想课堂的境界，强调课前参照与课后反思

六纬度仍然可以作为课堂自评的标杆之一，三境界却显然需要在此基础上进行新的突破。

所谓境界，换一个词来说，其实就是目标。我们希望达到理想课堂第几重境界，就是我们希望达到的目标高度。所以，在备课前，在课堂正式开始前，应该用境界来进行参照、比照，看一看自己的预设能否达到追求的境界。当一堂课结束后，除了通过孩子的表现来反思这节课，还应该通过与境界的标准比较，从而进行更清晰、深入的反思。因此，强调境界，就是强调课堂上要有大的目标意识。

叶圣陶先生曾用“教为不教”精确提炼出教师教书的目标是为了让学生学会学习。这其实就是指课堂应该是自我教育的开始。

前云南大学校长、著名教育学者吴松先生则明确提出过：学为创造。

我认为，未来课堂即理想课堂的目标，应该朝向创造，以完整创造幸福。即：第一重境界为形成基础知识的认知建构，第二重境界为发掘知识的内在魅力，第三重境界为实现知识、生活与生命的共鸣，第四重境界为运用智识，知行合一地创造。

设问，是指课堂上要注重根据不同情况，进行疑问、追问、叩问和询问。这四大问，也正好和未来课堂的四重境界相关。

疑问指向基础知识，追问指向知识的来处，叩问指向知识与自我的关系，询问指向知识的去处。

理想只能引领现在，行动才能创造未来。

二、区域推进技巧

课堂是教育，尤其是学校教育最关键的舞台。

但是，教室和家庭相似，课堂和家庭教育类似。只要把教室的门一关，真正的课堂如何进行，很少有人能得知。

哪怕是在平时的公开课或者各种比赛的时候，可以见到课堂，那也是作为反复打磨、精心雕琢之后的非常态课堂。对于从一个区域推动课堂建设的管理者或执行者来说，通过非常态的课堂很难真正把握这位老师的日常课堂究竟是什么状态。

所以，教育管理者以区域的方式推进理想课堂建设，有着强烈的心愿，却难以找到有效的途径。

经过这些年的观察与思考，我认为以下四种方式，最适合以区域的角度推进课堂品质的提升。

第一种， 校际大赛法

以学校为单位，以集体比赛为形式，以学校推动为抓手，落实理想课堂的各项要求。在课堂大赛的时候，要求全校全员参与、轮番点评，用更长的时间、更多的呈现，引起整个学校对理想课堂的重视，让每个学校都能把课堂这件事情扎扎实实抓起来。

作为区域，对于课堂时常有着鞭长莫及的无力感，这种学校之间的比赛，会大大缓解这种状态。组织这种比赛有两点要注意：一是学校以集体的方式参加比赛，获得的奖项是集体奖项，不再仅仅是对一个优秀老师的选拔，这样才能避免一些学校重名师、轻整体的功利做法；二是需要用全员参与、互相点评的方式，这样会让比赛时间延长，从而加强以比赛促进教研的效果，并且给每个老师提供足够的舞台。

第二种， 榜样叙事法

榜样叙事法，对于一般的老师，尤其是对于新教师或者基础比较差的教师特别有效果。

在提升课堂品质的过程中，需要一个人既有理论的根基，又有实践的经验，显然，对于一般老师而言，是比较难以具备的前提条件。而老师最欠缺的才能，也是最困扰老师的难点：一是不能真正理解在突发的状况下，如何处理课堂的问题；二是在日常的状况下，如何从容地储备各类教学所需；三是无法深入理解课堂的各步骤之间彼此的关联是什么，如何牵一发而动全身。

榜样叙事，用人们喜闻乐见、容易理解的榜样故事，通过榜样老师讲述自己在课堂上的故事，把这些道理蕴含在课堂之中，蕴含在故事之中，从一个故事提炼出一两个道理、把一个道理用几个故事深刻呈现。这样一来，区域中只需要用一批优秀的老师，打磨并讲述一批有深度、有价值的课堂故事，就可以让老师们以榜样叙事为蓝图，不知不觉就得到方法的指引，同时得到理念的更新。

这种方法，尤其适合在理想课堂开始推进时，或者在新教师刚刚入职的时候使用。

第三种， 专题研究法

专题研究法分为两种层面：一种是不同学科的课堂专题研训，另外一种是关于课堂的不同阶段的专题调研。

我们要特别指出，尽管每个区域都有教研室、教科所等专业机构，但事实上这些专业机构的人员配备比较少，很难承担起全面的强度如此大的教研活动。实际工作中，完全可以化整为零，把教研室、教科所等专业机构里的工作人员，从专业的研究员变成专业的指挥者、引领者，把学校的教师从一线的耕耘者变成积极的探索者和研究者。如此一来，就让学校来承担不同的专题，由教研员分别进行相关的指导，用更多的人力，集中更多的智慧，从而更好地推动一个又一个小专题的研讨。

这样的专题研究，在教研中，就是理想课堂提高的过程。因为一线骨干教师的参与，能尽快地把课堂教研的内容、成果，推向一线的落实和实施中。

这样的专题研究，本身就是一种实践，能在最短的时间内迅速提高整个区域的课堂水平。

第四种， 微课教研法

围绕着理想课堂，根据具体不同的问题，可以录制不同的视频。

录制微课视频，策划如果不好，就只是一次劳民伤财的消耗：区域投入很多人力、物力、财力，但是效果平平；策划如果做好，那么，录制视频的过程，本身就是一个对教师进行培优和选优的过程。

一个正确的微课录制过程，应该有着如下一些步骤：

首先，应该以指定的若干课为主题，进行教案的收集和评比。通过对这些教案收集，可以在投入最少的情况下，提高区域内所有老师对相关活动的参与程度。

其次，在教案评选结束之后，就要进行现场赛课，从而对课堂进行选拔评比。这时选拔和评比的评委，应该由赛课老师之外的全部老师共同参与——请所有老师担任评委，进行投票。担任评委的老师们在投票中，能够从赛课老师的上课、说课中，揣摩微课堂的精彩之处，让学习更为精细，将会汲取更多养分。

最后，在微课堂的视频正式录制时，应该把这些工作和营建数码社区工作相结合，所录制的视频，不仅是集中提炼出一批有价值的理想课堂的资料，还应该“一鱼多吃”产生更多功效：可以举行视频比赛，吸引大家浏览、点播、欣赏；可以对课堂精彩部分剪辑，然后在不同教育活动的各个环节进行播放；可以在网上进行截屏推荐……这些传播的过程，都可以让老师们在其中，不断地反复回顾真正理想课堂的瞬间，这种行为本身，就是对理想课堂的积极引领，对师生共情的极大鼓舞，对课堂生活的最高肯定。

真正的课堂是日常的课堂。所有师生都是在这样的课堂上成长。日常的课堂要想真正成为理想的课堂，就应该在课堂上燃起师生求知的火焰、激情的火焰。只有心灵之火熊熊燃烧，课堂上，知识才会在每个人生命中留下深刻的烙印，让知识与生命真正融为一体。

三、学校推进技巧

教室是课堂的一线战场，学校是课堂的主要阵地。学校才是真正推动理想课堂的主要机构。

在推动理想课堂行动的过程中，学校应该特别注意，不能把理想课堂和其他工作割裂开来。理想课堂的工作应该成为研发卓越课程工作的根本奠基工作之一；理想课堂的工作也应该成为完美教室工作的重要组成部分；甚至理想课堂工作所遵循的一些原则，也可以成为家校共育活动、大讲堂活动等的一些原则。归根结底，所有的教育之道都是情理相通的。

曾经有一位老师对我说："我们学校每学期都开展听课、评课活动，但效果甚微！真正提升老师的教学水平应该是走出去、请进来！对吗？"

我说："从宏观来说，走出去、请进来，可以概括一切方法——走出去是向外学习，请进来是内在反省。网络时代的走出去，有很多种方法，最起码，无数名师公开课都可以在网上直接视频观摩。所以，关键还是在于是否真正用心落实。"

在学校推动理想课堂这一过程中，有一些特别的方法，需要我们更有技巧地掌握。

第一， 随时听课法

在学校应该养成一种习惯，每位教师都认为随时被人推门听课是一个正常状态。

只有在这样的过程中，更多真实的课堂才能够被研究者和推动者所掌握。在进行推门听课的过程中必须记住，尽量以对课堂的优点进行表彰的方法来开展随时听课这一行动；否则，随时听课，就会越听越紧张，越听越不开心，这种方法就不可能真正持续下去。只有把随时听课法变成一种对优点的发现、对成绩的赞扬；同时，从暗地里变成对更多不足的掌握，才能真正让随时听课法赢得人心，才可以更好地坚持下去，并且更真切地推动老师们对理想课堂的认可，以及主动希望改变自己的课堂，提升自己课堂品质的信心和动力。

第二， 体系教研法

学校中开展理想课堂的体系教研，和区域开展的专题教研类似，从方式、方法上没有大的不同，但是，从整体的细节把握上，学校需要进行不同的整体安排。

对于区域来说，推动理想课堂行动，推动的就是全员的教学技艺的提高，但是对于学校来说，人力、时间都不足，而课堂又是平时必须要实战的场所，这就需要学校在教研中应该结合具体的教学任务，才能有规划、有目标地完成理想课堂教研。

比如围绕教材某一单元的主题进行深入的探讨，那么这样的教研就是集体备课；又比如围绕着不同的学科进行课堂的教研，那么这样的教研就是了解不同学科的工作，推动不同学科进一步的发展；还可以把课堂的各类研修，和平时的其他培训结合在一起，以公开课的形式，以观摩课、研讨课等不同的目标，进行课堂细节的打磨。

在这样的前提下，才可以把理想课堂做得高效，同时把日常的备课也变得高效。这样两相结合，真正参与教研、参与理想课堂研讨的教师，在备课中可以少花力气，那么每个人都会以一种更好的心态投入到工作中；也只有这样顾及一线老师具体的工作负担，才可以协助他们节约精力，才能更好地促进一线的教学工作。

第三， 师徒结对法

传统中的师徒结对，现在很多学校已经很少采用了。

从教育层面来说，师徒结对这样共同成长的方式，有着特殊的价值和意义。在这样人和人之间的互动之中，好的师徒结对，不仅仅是师傅对徒弟传、帮、带的过程，也是师德的传播，是一种完整的教育的濡染，当然，也就会在理想课堂的工作中更能体现出来。因为师徒结对，意味着他们有更多的时间和精力，更专注地一对一地进行沟通交流。师傅和徒弟互相进入彼此的课堂，甚至共同用大教室来上两个班学生的课，彼此观摩、互相提醒、共同研究，就会在工作之中有润物无声的提高，并且因为双方互相能够进入课堂，也就能够更深入地发现课堂之中的问题。尤其是在教学经验这一层面上，教师互相之间传授的经验，虽然不是高超的理论，但往往是对当下最为有效的。

需要特别注意，在这样的过程中，不能简单地把师徒结对变成一个封闭式的师徒小团体，而应该把这样的制度变成常态，师徒和师徒之间也应该互相进行交流，不仅可以让徒弟互相竞争、师傅互相竞争，而且应该在不同时期让同一个徒弟拜不同师傅、同一师傅收不同徒弟，从而以多种力量更好地落实师徒结对这种形式，把传统的关系转化为现代关系，让教师中的师徒也能教学相长、彼此成长，从而推动理想课堂的效果最大化、最快化。

第四， 个案微研法

在生活之中，常常会遇到一些突发的教育事件，这样的事件发生在课堂上，常常会给课堂教与学带来干扰，这是困扰老师最大的问题。

这些突发的问题，虽然形式上是突发，但是形成却有漫长而复杂的原因。老师在课堂上解决了这一次，未必就不会再发生下一次。

所以，在理想课堂的推动中，特别推荐用个案微教研的方式，围绕课堂上突发的状况，进行 15 分钟到 30 分钟的，尤其是以年级为单位、以办公室为场地的一种理想课堂教研方式。

这样的教研，短平快、直接、针对性强，在积累之后会形成对相关问题的深刻洞察。与此同时，给老师如何处理课堂问题提供了更多借鉴之处，能在当下拿来就用，是一种特别受老师喜爱的方法。

第五， 辩论争鸣法

在理想课堂的推动中，一方面要注重传、帮、带，注重老教师的丰富经验；另外一方面更要注重正确理念是否在课堂中得到贯彻和落实。

必须特别强调，正确的理念，未必就是最新提出来的，而是指真正正确的理念。因此，正确的理念可能会在新教师的心中，也可能会在老教师的心中。

在教学中有着不同的理念，就会产生不同的做法。但理念的产生是在不知不觉中进行，而理念的落实也是无意识中进行，对理念的修订也就变得格外艰难。因为一旦要扭转一个人的观念，必须使这个人自己从内心产生认识。如果我们在工作中生硬地去扭转一种观念，势必会引发对方的反感，不可能真正地取得好的效果。即使一位老师表面上说出认同的话，可是当老师走进教室关上门的时候，一个人在行动中，一般不可能做出自己不认可的事。

推行的理想课堂“辩论争鸣法”，就是组织辩论甚至辩论赛，对有关问题进行争鸣。具体做法是通过具体的教学案例，要么是现实生活中存在的，要么是在教育书籍中所记录的，围绕这些案例进行不同教学方法、课堂如何开展等方面的讨论。在这样的讨论中，大家各抒己见，百家争鸣，通过集体的力量、智慧的碰撞，最终赢得更多的认同。这样一次又一次、一人又一人的交流和传播，将会从根本上改变一群人的理念。

这种办法虽然见效并不明显，却是一个真正能够落实到根本的方法。如果一所学校想真正长久地推进正确的课堂改革，必须推行正确理念的扎根。因此，以“辩论争鸣法”构建理想课堂，是一个必须努力的方向。通过这个方法，缓慢而彻底地改变陈旧的、错误的教育教学理念，最终将会让全员坚定而全面地把正确的方式方法，运用到日常的课堂中。

第六，　自评反思法

课堂，是师生的舞台。每位教师每天都会走上自己职业的舞台。那么每一堂课，不仅仅是学生的课堂，更是教师生命绽放的一段时光。在这段时光里，教师留下了怎样的印象，就像是大海中的一朵又一朵浪花，如果不及时记录，那么水花就迅速消散在水中，根本无法留下任何印记。

采用“自评反思法”，请老师们每天选择课堂上的一个小点进行一次自评反思。自评反思不用长，两三百字、甚至一条微博 140 个字就够了。每天对于课堂上的内容进行反思，积累之后再在教师之间进行互相沟通、互相探讨，收获会更大。

长久的反思和积累，就可以把更多的教育智慧集中起来，把更多的教育难题也集中起来，对智慧进行分享，对难题集体攻关。无论是有针对性的问题还是普遍存在的问题，在集中群体力量时，都会超过个体的力量，增进解决的可能。

对于一所学校的管理者来说，还应该意识到：一旦是在课堂上普遍发生的问题，就是该校教育中存在的漏洞。从这一角度来讲，“自评反思法”也是请老师在自己的实践中，为学校更敏锐地发现更多问题，更积极地承担和解决问题的过程。

第七，　教案研讨法

理想课堂之所以难推动，是因为每一次推动的时候都意味着真刀实枪——每一节课都需要时间、都需要人员。

所以，综合以上种种提高方法之外，还有一种“教案研讨法”：写出合适的教案，就等于用大脑已经上过一次课，通过对不同的教案进行共同推敲修改，就是一种理想课堂的研讨方法。

在生活中，这本身就是一种常见的方法。可是，这个常见的方法，常常做，却不见得会产生如期的效果。

因此，真正在实施理想课堂的“教案研讨法”时，要注意两大原则：教案要少，研讨要透。

第一，教案要少，指的是数量要少。每一次备课都应该结合着具体的工作来进行；同时，教案的书写一定不能把它变成一种工作的常态。用于提供研讨的教案，是比一般的教案更为深入，不仅仅能够有自己的做法，更能够提供做法背后的理论支撑，最起码是自己如何思考的、如何行动的原因。要求老师提供这样的教案，就不能在数量上有更多的要求，不可以一次要求写出很多的教案，而应该留有很长的、足够的时间，供老师们进行打磨。

第二，研讨要透，指的是要有深度。在研讨中，围绕着一个教案，一定要有耐心，一定要够细心，一定要很全面。只有不放过每一个问题，真正地围绕着这个教案方方面面的问题，不仅仅指出问题的现象，更能深入分析讨论问题的原因，且把问题真正地从宏观背景到具体人物都条分缕析，还能结合着这些分析，举出其他的例子进行佐证，才能真正举一反三，通过一个教案学习更多教案，最起码是学习到上某一类课所需要的方法和技巧。只有这样，才能在深入的过程中保证了品质，也保证了热情。所以，建议类似的研讨最多一个月举行一次，正常情况下一个学期进行两次即可。

四、教室推进技巧

对于教师来说，课堂是修炼技艺的最佳场所。所有外在的构建课堂方法，都必须通过教师的内在认可和实际行动，才能取得效果。

无论是区域还是学校推动理想课堂，都是外力推动的一种方式。作为一线老师，只要想成长，就有无数方法可以用来进行课堂技艺的自我训练。

除了修炼本质的提高教师素养之外，一位教师进行自我训练的技巧，有如下几种：

第一， 片段推进法

作为理想课堂，它的修正是需要时机的。一个老师，可能会意识到自己的问题，但不见得就有这样的时机来进行改正，因为上课的时间毕竟是有限的。

老师可以针对自己已经发现的问题，围绕着发现的问题，设计相关的教学片段，在设计教学片段过程中，就可以把自己遇到的问题有意识地进行重复，这就是一种教育上的“复盘”。这样的复盘，可以在实践中得到亲身的感受，从而把抽象的理论融化到鲜活的实践中。

最重要的是，这种做法用不了太多时间，围绕一个片段三五分钟也行，十分钟左右也行。这样就能真正给老师自己提供反复修订的机会，同时也并不会让学生感到厌烦，更不会耽误学生的学习时间。

第二， 录像对照法

一个人很难看见自己是什么样子。所以哲学家说，认识自己是困难的。同理，一个人作为老师的时候，也很难看见自己在课堂上是什么样子。因此，自己在理念上所掌握的，往往未必会在行动中体现出来。幸亏现在的高科技手段给我们提供了很多机会，尤其是进行视频录像就是一种最简单而有效的机会。

有很多优秀教师上课上到一个阶段的时候，就会用这种方法直接地挑战自己：自己上一节课，用设备进行录像，再观看录像，以自己平时所学习到的进行反思。这种反思，是见效最快的一种反思。因为一旦客观地看待自己，那么，既能够看见自己的表象，也能够看见自己的内心，从而纠正的行动也会变得更加有力量。

第三， 父母参与法

父母参与法，指的是两个方面：

一方面，让父母参与到理想课堂中，让父母进课堂。父母进课堂，有的时候会给老师提供一个新的视角，老师会从父母的课堂表现中，看见自己所忽视的那一部分，当然更多的时候是给父母一个展示自己的机会，而这样的理想课堂就会让父母更加了解老师的工作情况，从而加深对老师的理解，也会更加支持配合老师的工作，让班级的课堂达到理想课堂的状态。

另一方面，父母参与法，指的是老师把父母邀请到自己的课堂中，请父母从他们的角度，来看一看自己在课堂上与学生的交流的一种方式。这通常是老师展示自己实力的一种方式。这时的课堂，就会真正成为老师生命的舞台，老师在上这样的课的时候，所散发出来的魅力也是最为强大的。这样把父母邀请到课堂上，就是以自身为榜样，让父母们学习更多教育的方法技巧，从而让更多的父母进入课堂教育，让班级的父母进课堂活动得到更好地开展，促进理想课堂的构建。

第四， 学生为师法

在理想课堂上，学生是主体。在理想课堂的推进上，学生也能起到很大的作用。

以学生为师，分两种方式：

第一种方式就是“小先生上课堂”。请不同的学生在不同的课程中，作为其他学生的小老师，站在讲台上。

学生在上课时，举手投足间所表现出来的，就像一面镜子，反射出老师平时的上课状态。一个有心的老师在观察学生上课时的表现，一方面会看见自己，因为自己日常生活中是怎样教育教学的会被学生们无意识模仿。另外一方面当然还是会看见学生，因为学生自己有什么需求，自己有什么特点，会在这样的课堂上、在自己当老师的时候，不知不觉地呈现出来。

第二种方式就是老师向学生请教。比如说课堂上发生了什么问题的时候，老师可以向学生询问：怎样才是解决这个问题的最好方法？或者在一节课结束后，请学生评分，通过对教育教学效果的最后评价，来寻找学生最需要的教育教学方法。

作为评分肯定是在课后进行，作为询问也并不是说在课堂上遇到的问题就应该立刻进行询问，而是在课堂上遇到问题，可以在课下用谈话或者以文字的方式进行询问和沟通。这样的询问和沟通，也就是请学生自己解决课堂上发生的问题，把问题交给孩子，给孩子足够的信任。

孩子解答了问题，就是教会老师上课的方法，肯定也就是孩子自身最需要的方法。即使这样的方法可能会比较幼稚，不够完善，但是给老师的启发是格外不同的。这种尊崇学生内心需求的声音，对老师后续在课堂上各方面的表现，肯定有积极的促进作用。

所以，以学生为师，用学生提醒自己，这样的方法也是我们在理想课堂的构建中可以有意识并且坚持去做的，因为这样的提醒，其实是成长生涯中的互相提醒，一旦有了这样的互相提醒，就意味着师生建立了平等友爱的关系，就意味着我们教学中的各项举措都会变得事半功倍。

行动六：

建设数码社区

——网络，学习交流利器

行动定义

建设数码社区，通过加强学校内外网络资源的整合，建设学习型的网络社区，让师生利用网络来进行学习和交流，在实践中培养师生的信息意识与信息应用能力。

——摘自《中国新教育》

一、要点解析

我们已经进入了信息时代，互联网已经不由分说地闯入了我们的生活，尤其是随着智能手机的普及，如果说以前家庭还会因为没有电脑而无法与互联网接轨的话，那么现在几乎所有的家庭，所有的父母都会通过一部小小的手机和信息时代产生密切的联系。

曾经，数码社区的说法领先于一个时代，那个时候所提出来的，还不为更多人所认识。可到如今，数码社区的营建，已经成为我们自觉不自觉都在做的事情，只是在做的过程中，做法不一样，取得的效果也不一样。

新教育的建设数码社区，有哪些特点呢？

第一， 建设数码社区， 强调显性学习和隐性学习相结合

新教育建设数码社区有非常明确的指向，希望建设的是一个终身学习型网络社区，希望建设的是一个便捷、实用、丰富、平等、高效的社区。

首先，在这样的社区中，必须提供一些很明确的学习的资源、学习的方法、学习的交流、学习的考核等。这是显性的学习，是对于相关的不同的人群提出明确的学习要求。

其次，我们也要注意，因为中国的应试教育还比较盛行，许多人，尤其是成年人，在离开校园之后，对学习早已丧失了兴趣。在数码社区中，显性的学习，更多的是对学生、教师而言。而还有更多隐性的学习，也就是通过数码社区内容的建设，突破用户，引导进行讨论。这些方法，能够濡染，能够影响，看到这些内容的用户，也是一种学习，是一种隐性的学习，效果未必会比显性学习的效果差。

第二， 建设数码社区， 强调实名制与匿名制相结合

数码社区会有不同的软件进行建设，比如网站、论坛、个人的空间、QQ 群、微信群、博客、微博等。在所有的空间中，我们要注意强调实名制和匿名制的结合，因为网络有隐姓埋名的特点，很容易激起个人不负责任的言论，甚至容易激发起个人恶意的发泄。所以，实名制在建设数码社区过程中尤为重要。

一个人以实名制，无论是真实姓名，还是以相对固定的、有着专门指向、清晰为某一个具体人的常用网名，都会让人的发言变得更加理性，变得更加平和，也变得更加负责。采用实名制，还特别要求一点，就是希望大家能够更多地进行记录。

同时，数码社区当然也应该维护网络的一个特点，那就是匿名性。网络的匿名性，它的优点在于可以更好地让人说出真心话，尤其是反映问题，反映不愉快的事情的真心话。这样的匿名，本身也是对工作的很好的促进。我们要给大家这样轻松的空间。

因此，在数码社区的建设之中，可以把实名制的机构、团体用同样的方法进行规范，而把匿名区域进行开放。实名制就相对来说一定要经过验证才可以进去发言，而外部只能有浏览的权利，或者连浏览的权利都没有。以这样的方式，既能保护个人信息的安全，也能够让更多的人各抒己见。

第三，建设数码社区，强调主题记录和各类讨论相结合

在内容上，特别提倡实名制的用户进行主题式的记录。

在论坛中，常用的方式是主题帖，围绕一个主题进行长时间地不间断地跟进的记录。比如有很多教师，为自己的班级建立了班级的主题帖，隔一段时间会把自己班级里所做的工作，无论是读的书、看的电影、举办的活动、学生的作业、父母的反馈等都贴到主题帖里。还有一种常见的方式，用博客的方式进行记录。

主题记录，强调写作、摄影、摄像，强调用各种方式进行生活的记录和反思。用这样的交流方式，从而构建有共同精神底蕴的精神家园。

各类网络讨论和主题记录不同，那就是希望发起一些关于教育的不同观点，不同理念的讨论。无论是有计划、有组织的，比如由学校或某个机构、社团发起的讨论，还是某一个人针对具体的问题发起的讨论，这些讨论和主题记录不同，那就能汇聚更多人对同一件事情的观点，从而让管理者得以了解更多人不同的理解，便于在教育中进行梳理、归纳和总结。

同时，这样的讨论对于每一位参与讨论的人员来说，也是一个彼此间碰撞交流的过程。这种碰撞交流，本身就是一种最好的教育方式。

第四，建设数码社区，强调优质原创和资源外联相结合

我们都知道在网络上，可以随时随地获取很多不同的信息。所有的信息对于一个人来说，都是输入。所有输入的目的，绝不仅仅是输入。所有输入的目的，最终都是为了输出。

在数码社区里的每一个人，无论是成年人还是孩子，无论是教师、父母还是学生，所有学习的目标，就是为了创造出能体现自己积累的事物。这样的事物是自己在精神上的结晶。

在数码社区中，从内容上来说，是以贡献为基础，强调写作记录生活、反思生活、交流生活，从而构建一个共同的精神家园。同时，以分享为特点，彼此分享更多的内容，互相支持对方工作，互相学习。特别推崇能够尽情展现自己精神生活的作品，无论是创造的音乐、摄影，还是创作的文章、诗歌等，所有的优秀作品，都将成为这个网络世界里不可或缺的一部分。

与此同时，特别注意的是，社区应该和社区之外的资源互相联系起来。

这些资源中，有的是相对应的相关的专业资源。比如，每一种课程，我们稍微筛选，就会发现有一些好的相关的主题网站。还有一些与日常生活密切相关的信息资源。比如，上一级或者兄弟一级的教育信息网、教学教研网，以及相关的一些重点博客、重点微信公众号等。

这两类网站，或者 QQ 群或者其他的沟通平台，都为我们社区的建设提供了更为便捷和有力的专业支持。

在建设数码社区工作的过程中，要特别注意选择这些外联的信息渠道，一定要经过真正地甄别，真正发挥作用。只有真正发挥作用的渠道，才能够赢得更多社区网民的信任，才能够真正发挥作用。因为在信息时代，人们所需要的信息，不再仅仅像以前那样是更多、更大量的信息，而是需要经过专业的眼光审视之后挑选出来的、具有一定代表性的信息。只有这样的信息才能真正赢得人们的喜爱，满足人们的需要。

第五，建设数码社区，强调教育主题和其他主题相结合

在数码社区里，并不是仅仅围绕着一个教育教学的内容进行沟通和交流，因为在真实的人类社会中，一切都在互相影响，一个人生命之中有哪些特质，将会在数码社区里以精神层面更为直接和真实地呈现出来。

这也意味着，我们应该把数码社区视为一个学校生活、家庭生活和社会生活共同呈现的平台。

这里所指的其他主题，其实就是大教育的概念。我们身处在教育中，作为教育的专业人士，对于所从事的教育非常熟悉，但是在公众领域，对教育的看法却百花齐放，而且有太多误区不得其解。数码社区应该充分发挥自身开放性的优势，不断传播、推动更多人对于教育的理解。

数码社区是一个彼此沟通和交流的重要平台，它的及时性和平等性，是网络赋予的色彩，因此要特别注重把网络和生活相关联，从而在数码社区的建设中取得更好的效果。

第六，建设数码社区，强调榜样推介与全面引领相结合

现在是一个自媒体的时代，每个人都是一个小小的媒体。

在数码社区中，我们会发现一些有相关基础的，无论是教师还是父母甚至孩子，当他们在网络上发表文章、发布照片的时候，很容易得到更多人的喜爱。这些人就很容易成为一个小团队中的佼佼者。

对于这些人，当然应该把他们作为榜样推荐出来。通过推荐这些榜样，让榜样带动更多的人共同来繁荣数码社区。可是仅仅推荐榜样，而不注意全面的引领，将会在短暂的繁荣之后迎来多数人的沉默。所以在工作中，除了推荐榜样外，一定要注意设计举办更多可以吸引一般人员积极参加的一些活动，或者以更多的榜样，传授更多简便易行的做法，便于普通一线的教师或者普普通通的父母以及一般的学生能够较多参与的活动。这样让人们在参与中享受到自主组织的快乐，享受到融入的快乐。

这样的享受才是对全民数码社区建设的全面引领，也只有这样全面的引领才能够在教育中产生既不忘榜样，把榜样继续往前推，又不忘普遍，把普遍继续往上牵引的良好局面。

第七，建设数码社区，强调教师和父母、专业和兼职多重管理相结合

数码社区说起来简单，长期的维护是非常考验智慧，也考验人的坚持耐力的。在管理过程中，要尽可能由教师和父母共同来参与管理。这样的管理才会形成一个优质的管理团队，能够在所有问题上互相交流，同时也要形成一个专业和兼职并重的团队，尤其在硬件上，需要有一些专业的人士来负责维护。在更多软件的维护，比如论坛的打理、微信群的维护等方面，应该公开向相应的群体招募。这样，一方面可以解决人力资源上的问题，让数码社区建设不会因为人手不足而停滞不前；同时，招募本身也能提高大家的参与性，只有共同参与，才会共同建设；只有共同建设，才会有共同的归属感；有了归属感，才能真正建立起良好的数码社区，才能在现实生活中建立属于网络的共同学习、共同成长，终身学习、终身成长的精神家园。

从大教育的概念出发，我们人格养成等相当多的层面，是需要通过非正式教育的手段来进行的。

二、区域推进技巧

第一， 资源选编法

在网络时代，我们所需要的不仅仅是信息，而是优质的信息。当我们随意一搜索，就能够获得无穷的教育教学资源的时候，特别需要的不仅仅是类似的资源，而是希望能够有更为专业的目光协助选择甄别，提供相应的优质资源。所以，作为一个区域来说，应该用各种方式来进行优质资源的选编，比如，通过专业人士对区域以外的其他所有公众平台上的相关资源进行学习，进行选择，进行推荐。第二种方式是对于区域内部，不管是学校还是个体，不管是教师还是父母，他们所提供的就在本区域以内的数码社区中，对分享的优质资源进行选编。通过这样的选编，既能让更多的网民由此受益，同时也能加强数码社区的吸引力。这是一个区域在网络上开展工作的便利平台，这种选编本身体现的是一个区域的眼光，也是区域的一张网络的名片。

第二， 培训引领法

借用培训的方式推进数码社区的建设工作，是一种简便易行的方式，尤其在区域特别容易推行。在这样的培训中，目前需要注意的有两种。第一种，通常所做的是信息技术的硬件培训。在这些培训中，很多区域专门针对电教老师或者相关的专业教师。其实我们应该把如何使用科学技术，把所有优秀的学习方法与工作方法，学习的工具与工作的工具，更多地推荐给所有的教师，只有这样才能够起到“工欲善其事，必先利其器”的作用。

在培训中，常常忽视另一种培训，就是关于传播方式的传媒培训。这是一种软培训，当我们走到了信息时代，在互联网上，每一个人不仅仅是自己的象征，一个又一个人结合起来，自然就形成了一个又一个机构的象征。在这样的情形之下，如何选择合适的方式和方法进行传播，有着非常多的方法和技巧。我们应该知道，现在国家的一些官方发言人，也都会被要求去进行相关的培训。在国外不仅仅是发言人，比如一些大机构的总裁，他们在接受采访之前都会对相关的知识进行培训，对如何发布信息进行技巧上的指点。这样的培训，无论对于任何人都是非常必要的，而这样的培训，从硬件和软件上都能够为数码社区的建设直接提升人才的素质，而且它本身就是数码社区建设的内容之一。

第三， 专业竞选法

我们可以在数码社区平台上向更多的受众，尤其是以学校为单位发布更多竞选。比如通过数码社区进行课程的竞选，通过数码社区进行学校工作的竞选，等等。这种竞争的方式，能够有效促进数码社区的建设，尤其是在数码社区的平台上，可以对其工作进行类似的竞选，通过选择相关的方案，更好地推动相关工作。

第四， 硬件练兵法

作为数码社区自然离不开硬件的建设，但是，我们应该知道现在硬件的建设其实已经不再仅仅是以前所说的购买电脑，在学校里配备相应的白板以及各种相关的电子设备。除了所需的电子设备之外，关于硬件设施的使用和维护，也是在数码社区的建设中不可忽视的问题。

我们在工作中发现很多地区，在投入的时候是不遗余力的，但是由于投入之后并没有对如何使用进行培训，大家只会简单地使用，并不能真正了解使用的方法和技巧，也不了解维护中需要注意什么，最后导致数码社区的工具没有真正发挥主要作用。我们要么在使用中投入过多的精力，投入和产出的性价比不高；要么过快损坏，造成物质上的损耗，这些都是需要在推进中，尤其是区域的整体推进中需要特别注意的。

第五， 专题大赛法

比赛永远是区域用以推动工作的法宝，在数码社区的工作中当然也不例外。这些比赛，可以根据不同的专题，随时随地有序地进行。比如针对学校，可以进行学校的官方网站或者主页的评选；针对个体，可以进行博客或者个人空间的评选；又比如，关于教育生活，可以举办各种各样的，或阅读、或摄影、或写作、或音乐、或美术等不同的比赛。所有的比赛都可以使用线上线下相结合的方法。从而在轰轰烈烈的网络中，能够更加平等地扩大自己的影响力，使每一个人都能参与其中，都能乐在其中。

最后，区域在做这些专题大赛时，第一要公平、公正、公开。在评选环节不能暗箱操作，否则，这样的评选不仅不会有促进作用，反而可能对工作造成伤害。第二在大赛评选出结果后，并不是评出了几等奖，从此就结束了；而是要利用本地评出来的小明星，让其作品结合他们自身的叙事——他们是如何创造这些作品的，是如何成长的，把这些故事在本区域内进行讲述。这样的讲述本身就可以起到活跃文化建设的作用。同时，身边真实的榜样能激励更多的人参与其中，从而能够把区域的各项工作向前推进，更上一层楼。

三、学校推进技巧

第一， 创建特色平台

学校作为一个机构，比个体拥有更多的资源，但是比一个区域所拥有的资源要少，尤其是非名校的普通学校，在自己创校的过程中，本身就会受到更多条件的制约，在数码社区的建设上，不可能拥有太强的实力。因此，学校应该特别注意“特色”。

一所学校的特色，是学校文化，通过各种课程得以扎根，通过各种陈设得以呈现。那么，在数码社区中，一所学校重要的不是创建一个内容特别丰富的社区，而是创建一个特别有个性、具有强烈特色的社区。

这种特色，它可以在形式上，比如，运用更多的儿童本身的创作，进行一种有童真的形式；可以请更多的艺术家，进行一种具有艺术风采的形式。比如，请设计师设计具有现代风格的形式。不同的形式结合着不同的内容，在呈现上就能够给外界留下深刻的第一印象。

当然，学校的数码社区一定也要有内容上的特色。在数码社区的工作中，不要什么内容都完全照搬数码社区，尤其是照搬网站的主要页面。在目前的状况下，能够集中优质呈现出学校最具特色的那一部分内容，恰恰才是吸引外界的最有力的武器。只有这样，才能让一所学校在众多的数码社区中脱颖而出。

第二， 线上线下共享

相对于区域来说，一所学校，人们之间互相交流的渠道会亲密得多，在这样亲密的状态之下，线上线下的共享就变得尤其重要。因为无论什么内容，一旦大家彼此都参与，彼此都关注，那么必然会形成彼此的碰撞与交流。这是把现实生活尽可能地挪到网络生活中的共同分享的精神。

共同分享的做法，是在学校推进数码社区工作中要特别注意做到的。做到这点也非常简单，以儿童为中心，以活动为方式，就能全面地聚集教师和父母的共同参与。这样的共享就会在良好的氛围下进行。因为这样的共享，会积极促进家庭和学校间的互动；而这样的互动，无论以哪一种主题呈现，都能在联络中沟通双方的感情，从而为具体的教育教学工作打下良好的基础。当然，在网络活动中，本身就有很多工作是结合教育教学进行的。

这些活动，特别注意要防止功利化，要更多促进人们注意活动中的幸福感，从而提高人们对于活动的参与度。只有这样，才是真正形成线上线下共享良好氛围的方法。

第三， 组建兴趣社团

围绕数码社区的工作，一所学校应该有一个相对稳定的维护团队，而这个团队不可能有一个专职的人员独立进行。所以，组建兴趣社团是解决数码社区日常维护工作的重要方式和方法。同时，这样的兴趣社团，意味着他们是信息时代里的数码先锋，有更多相应的新信息、新资讯、新工具，他们会在较早的时间里掌握这一切。这样的团队，也会成为数码社区建设中的生力军，生生不息，为学校的数码社区提供更多的支持和持续的力量。

四、教室推进技巧

在信息时代，一个人也可以进行数码社区建设，那么，一位新教育的实验教师，就尤其要注重数码社区的建设。这项工作分为三个方面。

第一， 个人品牌打造法

所有在网络上活动的人，不管你是否愿意，你都是个人形象的代言人。你所做的一切，都会在网络上留下痕迹，都在打造你个人的品牌。所以，一位实验教师，要充分地运用这一点，并且以积极的心态、以巧妙的办法来应对一切，就能传播美好，传播阳光，进行积极正面的引领。一个人无论是利用自己的博客，还是利用自己的 QQ 空间，还是利用自己的微信朋友圈，都可以在这个过程中，无意之中积累下很多东西。

在打造个人品牌的时候，特别推荐三点：第一是文字，第二是图片，第三是视频。通过文字、图片和视频的综合运用，不仅可以给一位实验教师节约时间，节省精力，而且也能够以更活跃、更丰富的形式呈现出自己更多的特点。

第二， 家校在线互联法

其实，一个班级都会由家委会、家校在线互联构成网络家委会。

首先，麻雀虽小，五脏俱全。在家校在线互联的工作上，一位教师应该特别注意，无论是区域或者实验学校，所采用的管理上的方法和技巧，都可以在家校互联中使用，要尽可能多地邀请父母来共同参与管理，不要把家校在线互联的工作变成教师的一言堂，而应该特别注重双方的互动。

其次，家校在线互联，还应该注重在联络的过程中，相关的资料要及时梳理和保存。数码社区的建设在一间教室里有着特别的意义，因为在一间教室里，数码信息资料的收集，对于一位教师从执行型教师变成研究型教师，是特别需要的。

在家校互联的过程中注意到这个问题，就能分门别类地及时梳理相关的材料，就能为其他的工作奠定良好的基础。

最后，家校在线互联，还要注意的是在这个过程中，要以积极引领的原则为主，一定要以阳光乐观的心态去面对一切问题。因为在网络上无论是匿名，还是实名，我们都容易比平时更冲动地表达自己的意见。一位教师，用怎样的方式和对方对话，通常能够引领互动的气氛。这样的互联，才能在教师有礼有节地维护下取得最好的效果。

第三， 完美教室塑造法

塑造，一方面是对已有资料进行有选择地汇编，另一方面会因为传播出去的信息，对未来的方向产生引领。

数码社区的工作，是新教育完美教室工作中重要的组成部分，尤其是一位教师，只有运用这样的积累，才能真正实现自己完美教师的梦想。在完美教室的塑造中，可用的方法有很多，有的用论坛主题帖，把更多的内容通过在论坛发布主题帖的方式，不断进行积累，最后储存起来。现在因为论坛逐渐式微，出现了很多其他的方式、方法，比如 QQ 群、微信群、微信朋友圈等，大家用这些不同的交流工具也可以进行完美教室的资料积累。

关键在于，不论是怎样的渠道，都应该对完美教室有全面地规划、整体地呈现。我们应该注重完美教室的各个层面，不管是父母还是孩子、各位老师或各个学科、相关课程，还是精彩活动或者日常学习，都应该分门别类，自己有所规划，才能有条不紊地进行。以数码社区进行完美教室的打造，是所有实验教师必须掌握的一项技能。

当然，在这个过程中，同样要注意积极发挥父母和学生的力量。父母和学生，一方面可以为完美教室的积累提供自己独特的观察所了解到的知识，另一方面也可以协助教师进行选择，进行甄别，比如木槿树老师在积累上就为班级专门设置了一个岗位，邀请一位家长，负责把每一次活动所有的照片都上传到云空间里，这样所有的家长都能够通过云空间，把自己孩子最精彩的照片摘取下来；到了重要庆典的时候，由学生父母和学生自己来挑选重要的照片，提供自己心中感觉最重要的环节资料。这样，不仅可以减轻教师工作的压力和强度，还可以让父母和孩子在共同的回顾中，温故而知新，重新感受在教育生活中的成长过程。

行动七：

推进每月一事

——习惯，事半功倍成长

行动定义

推进每月一事，根据学生的身心发展特点和学校与社会生活的节律，每月开展一个主题活动，通过主题阅读、主题实践、成果展示与评价等方式，实施不同的主题内容，着力培养学生良好的行为习惯和公民意识，教给学生一生受用的东西。

——摘自《中国新教育》

一、要点解析

每月一事是新教育实验研发的一个特殊的教育行动，是一个在推进的过程中非常受一线教师欢迎的行动。这个行动的推动简明易行，能够把零碎的学校生活统一起来，取得很好的效果。

可是，在这个行动的推动中，仍然可以发现，善于做每月一事的实验者和只是一般做每月一事的实验者，彼此之间有着很多的不同，这就导致了最后的结果是浮在表面，还是真正卓有成效的差别。

在此，我们必须对每月一事的内涵和要点进行分析。

第一，推进每月一事，强调以课程的理念，全面整合

每月一事，顾名思义，就是每个月围绕一个主题做一件事。这种做法，正是把课程“少而精透”，围绕主题的理念，全面整合了所有与教育教学相关的各种工作。

尤其是在学校教育中，从学校管理者的层面来说，无论是日常教学工作，还是日常开展的各种活动，以及其他种种相关的日常工作，都可以选择一段时间内围绕一个主题进行，这样集中发力，可以让工作更有章法。

我们现在所进行的教学方式，是以工业时代的分科为特点，不同的学科和学科之间壁垒森严。这种分科当然有它的合理性，能够让学生更为深入地了解各种知识，但是正如全球教育领先的芬兰在 2015 年 3 月重新对分科进行审视那样，芬兰并不会取消学科教学，但是为了学生在信息时代进行更好的、更符合时代需求的学习，为了让学生拥有更多的能力可以迎接未来、面对挑战，芬兰国家教育委员会提出新的课程改革，方向是重点培养学生的跨学科能力。因此每月一事的推进过程中，只有站在这样的认识高度，才能够真正把握住每月一事的核心，才能够把更多的包括课堂上的教学和每月一次的主题进行关联。尤其是日常阅读方面的、课外活动方面的内容必须和每月一事进行深度的关联，成为每月一事最根本的两种形式，才能够以阅读这种方式，将每月一事真正深化到每个人的内心。以这样的活动方式，才能激发起更多人的参与，在真正的生活中把每月一次的主题融会贯通。

第二，推进每月一事，强调好习惯的养成，夯实素养

之所以会每个月做一件事，是希望能够在推进的过程中，帮助学生形成习惯。新教育主报告曾经以《习惯养成第二天性》为题，指出习惯的重要性，一个人最终就是各种不同习惯的产物。因为在漫长的人生中，需要去思考的问题很多，可是在行动的时候，不知不觉都会受到习惯的影响。就这点而言，早就有“21 天养成一个习惯”的说法。我们也遵循了这种约定俗成的说法，提出了“每月一事”的概念。在落实工作的过程中，一定要能够把习惯的养成视为工作评价的关键指标。这样我们就可以很容易对“每月一事”工作是否取得成效进行简单明确的评价，从而指导工作进一步开展。是否应该加深内涵，这应该有更长的时间、更为深入的落实当下的这一个层次，比如我们是否已经养成了阅读的习惯，是否在全员中，无论学生、教师等人都能够喜欢阅读；比如我们是否养成了良好的环保习惯，是否能够随手关灯、随时关上水龙头等习惯。它会出现在我们生活中的各个角落，教育生活其实就是关于细节的点点滴滴所累积起来的。

第三，推进每月一事，强调以螺旋的方式，加深内涵

如果没有对推进每月一事的深刻认识，那么我们会误以为推进每月一事一共就是12件事。一共是12件事，那么在今年推动完了之后，明年怎么推动呢？在小学推动结束了，在中学也同样地推动吗？小学一年级和小学六年级，我们又怎样推动呢？在具体的实施过程中，一旦混沌不清，操作就会大打折扣。在2016年的《新教育年度总报告》的研制过程中已经明确把每月一事分为12个习纲，36个习目，并且对每个习目进行了事名的举例。

每月一事12习纲36习目

每月一事	习纲主题	目标指向	习目专题	事名举例
1月	节俭	讲俭省	节约	1月，让我们学会吃饭
			节制	1月，让我们在约定时间玩游戏
			俭朴	1月，让我们学会爱惜旧物
2月	守规	重规则	守时	2月，让我们按时上学不迟到
			守法	2月，让我们不闯红灯
			诚信	2月，让我们做错事情不说谎
3月	环保	护环境	卫生	3月，让我们做个干净的孩子
			护绿	3月，让我们去种树
			生态	3月，让我们学会垃圾分类
4月	公益	做好事	参与	4月，让我们参加一次公益活动
			互助	4月，让我们做一件好事
			志愿	4月，让我们做一回组织活动的志愿者

（续表）

每月一事	习纲主题	目标指向	习目专题	事名举例
5月	勤劳	爱劳动	自理	5月，让我们学会扫地
			敬业	5月，让我们认真值日
			创造	5月，让我们制作模型
6月	审美	懂艺术	感受	6月，让我们学唱一首歌
			鉴赏	6月，让我们欣赏一幅画
			表现	6月，让我们表演一个节目
7月	健身	惜生命	运动	7月，让我们玩球去
			健康	7月，让我们按健康的作息生活
			坚持	7月，让我们天天跑步
8月	友善	会交往	礼貌	8月，让我们懂得讲礼貌
			合作	8月，让我们成为好朋友
			博爱	8月，让我们走进一个民族（国家）
9月	好学	乐求知	阅读	9月，让我们快乐阅读
			写作	9月，让我们专注思考
			质疑	9月，让我们挑战大师
10月	感恩	有爱心	孝敬	10月，让我们给父母写家书
			尊他	10月，让我们为师友做件事
			爱国	10月，总结我爱祖国的十个理由
11月	自信	我能行	乐观	11月，让我们受了委屈不生气
			勇敢	11月，让我们登台演讲
			担当	11月，让我们主动挑起一件重任

（续表）

每月一事	习纲主题	目标指向	习目专题	事名举例
12 月	自省	善反思	计划	12 月，让我们做好计划
			自律	12 月，让我们记录生活
			自强	12 月，让我们挑战困难

（注：摘自 2016 年新教育实验年度主报告《习惯养成第二天性》）

严格地说，每月一事是围绕着 12 个大的习惯养成对应的是 12 种素养，每一种素养都有一个明确的目标指向，而每一个目标，又可以分为三个层次，从低层级、简单的层次到难度较大的层次。然后，每个层次都可以用具体的不同的一件事情来进行落实，因此，真正的每月一事是可以围绕相应的主题在不同的年龄段，在不同的人群中以螺旋性上升的方式，不断深入深化，从而推进。当然，在具体的推进落实过程中，还有很多具体的方法能够协助人们更有效率、更有品质、更为简便地落实这件事情，落实每月一事这个行动。

二、区域推进技巧

一件事情，只有当事人真正认识到这件事情对自己的价值和意义，才会真正有推动作用，才会自发、自觉地想出更多办法来落实这件事情。

推动每月一事就是这样的一件事。

它做起来非常容易，但是要深入扎实地去做，却并没有那么容易。

与此同时，也需要区域从更多的角度进行巧妙地推动。

第一， 价值普及法

区域应该深刻地认识到推动每月一事的价值和意义。

关于每月一事的价值和意义，在新教育年度主报告相关的文章中，早已经阐释得非常清晰，那么在这里简单说一点，就是主报告的标题《习惯养成第二天性》，提醒我们在对学校、对教师推动每月一事的过程中，必须明确告诉大家：

这个行动的目标指向，是为了培养学生的良好习惯，从而落实学生的核心素养，让日常的各项教育教学工作都能取得事半功倍的效果。

因为我们都知道，一个学生具有良好的自我学习能力，有旺盛的自我学习兴趣还不够，必须要有良好的自学习惯，他才能落实到日常的行动中。

一旦区域把这一点向学校以及教师阐释清楚，那么推动每月一事的行动，自然就是一个“磨刀不误砍柴工”，表面上看需要花费一点功夫，实际上收获将是天长日久的，这样的一个投入小、见效多、见效长的好行动，实验区可以围绕着“价值如何传播”这一点来开展各种推动活动，比如通过榜样叙事法，通过已经形成了良好习惯的教师或者学生或者父母，请他们现身说法，讲述自己良好的习惯是怎样养成的，通过他们养成良好习惯后获得的让人艳羡的成绩，从而让更多的学校或者教师重视这项行动，一旦重视，他们就会创造出更多的方法来。

第二， 专家推荐法

借用“外来的和尚会念经”的心理，我们可以请相关的习惯养成方面的专家来到我们所在的区域，进行相关的习惯养成方面的讲座，当然，如果新教育已经有相关践行和经验的专家来进行这样的推荐效果将会更好。这样的专家推荐，尤其是针对父母和教师来说，他们从中不仅会感受到行动的力量，而且还可以从中得到行动技巧性、行动理念的培训，这是一举两得的事情。

区域推动的第二种方法是方法征集法，也就是说，我们在每月一事的课程设计中，针对不同的核心素养，已经列出了诸多的主题，并且进行了示范，可是如何能更好地落实这些主题，如何能够结合当地各种不同的条件或特色，来把这项工作、这些主题贯彻得更彻底呢？试验区不妨以征集的方式，集思广益，请学校或者教师提供相关的方法、提供类似的方案，方法与方案不仅仅为实验区推动工作提供更多的抓手，同时在收集过程中，它本身就是对于每月一事行动的良好宣传和推进。

第三， 表彰奖励法

对于每月一事行动开展得好的个人或者集体应该给予相应的表彰，这样的表彰可以多种方式进行。在表彰之后，他们所拥有的成功的经验，会为更多的人所熟知和看见。这样的表彰，更为重要的是，把表彰所选拔出来的优秀人或者事、优秀的主题以及做法，或者把它们结集出版进行阅读和推广，或者把他们组织起来进行叙事报告会进行传播和推荐。以表彰促进榜样的成长，同时也带动全面提升。

三、学校推进技巧

第一， 经纬计划法

所谓经纬计划就是一经一纬，就是一定要把每月一事和全校的其他工作紧密结合起来，把每月一事作为贯穿教育生活的经线，把其他的所有活动，如德育、阅读、写作、各种庆典活动、课程研发等，一切平时的正常教育教学的工作作为纬线，用每月一事的主题进行统领。

这样，每月一事就能够让我们的教学工作变得中心更突出，重点更鲜明；与此同时，也能够让每月一事的工作变得更务实、更有效，而且更节约精力、人力和财力。

以这样的方式，每一次都能在学期开始前进行全面的规划，每月一事才不会成为一个叠加的、硬性的工作，而是一种梳理、整合教学工作，提高工作效率，深化工作效果的最佳的思路和工具。

只要把握住这一点，才是真正把握了学校推进每月一事工作的核心。以这样一经一纬的方式进行编织，才能编织出教育工作中推动每月一事的最佳效果，才能编织出我们所期待的幸福完整的教育生活。

第二， 重点突破法

对于一所学校来说，结合相关的具体学生背景和教师素养等不同方面，肯定在一段时间内，会有自己重点应该突破的领域，那么我们就应该以每月一事为抓手，把重点突破的工作利用习惯养成的方法，让我们希望突破的重点工作能够成为所有人的一种技能，沉淀到他们的生命中。

以阅读为例。在推动阅读的过程中，有的学校因为周边环境不理想，本身具有的阅读基础很差。那么采取学校教育中“伤其十指，不如断其一指”的方法，与其全面进攻，不如重点突破，就应该在一段时间内抓住阅读这一点，进行全员反复地宣传、训练和提升。通过教师、学生、父母不同层面不断地突破这件事情，一直到达成目标。从习惯养成的角度能够见到明确的效果，才可以更换主题进行。

在这里，我们必须意识到：一个好的习惯，可能需要很长时间来养成，因此我们所说的重点突破，也就意味着：到那个时候，可能并不是每月一事，也许是两个月做了一件事，但是我们相信这件事，它肯定会让人受益一辈子。

四、教室推进技巧

第一， 结合班训推进法

每一间教室会有相应的班级文化，当我们结合每月一事推进时，就会更容易得到学生的认同，从而取得更快、更好的效果。

第二， 持之以恒挑战法

习惯养成需要时间，而坚持又是一件特别难能可贵的事情。对于一位教师来说，他想提高自己，可以和学生一起挑战，比如阅读，比如写作，都可以公开和学生一起挑战。当然更多类型的挑战，可以发生在学生自己身上。这种挑战需要共同制订规则，坚持一段时间。以达成的结果为例，比如 21 天坚持跑步，共读一千万字等。这些挑战会成为推动教育教学工作的有效的抓手，而不是把它仅仅变成一项工作。

第三， 家校合作联动法

在每月一事的推动中，家校联动是我们必须要使用的方法。

正所谓，许多教师都感叹的“5 +2 =0”。平时学校五天的教育，加上两天家庭之中的反教育，给学生造成的影响，可能就是把我们正确的教育一笔抹杀，尤其是对习惯养成的每月一事行动来说更容易如此。所以，在推进每月一事的行动中，家庭是一个绝对不可忽视的另一半。

只有家庭和学校共同来推进，才可能真正达成每月一事行动的真实效果。因此，家校联动法，与其说它是一个方法，不如说它是一个以教师为直接面对者、督促者、检查者，以父母全员进行参与，通过学生这一桥梁推动每月一事的最佳组合。

尤其是每月一事，当出现在寒假和暑假期间，我们就必须要把家校合作联动法进一步延伸，推出假期指导法。

我们可以利用编写假期手册，或者利用家校通信的方式，把假期之中需要学生完成的内容，通过家校联动的工具，传播给协助我们的父母。在父母的协助之下，主要是父母的督促之下，能够共同完成学生在每月一事中的成长。

行动八：

缔造完美教室

——土壤，多方教学相长

行动定义

缔造完美教室，在新教育生命叙事和道德人格发展理论的指导下，利用新教育儿童课程的丰富营养，晨诵、午读、暮省，并以理想课堂的三重境界为所有学科的追求目标，师生共同书写一间教室的成长故事，形成有自己个性特质的教室文化。

——摘自《中国新教育》

一、要点解析

教室是学校最基本的组成单位，也是教育最基础的场所。一间教室就像教育的一个细胞，在这个细胞里承载着教育的DNA所拥有的密码。

所以，对完美教室的追求，就是我们对教育的追求。当这种追求呈现在教室中，呈现在教育生活的各个细节中，呈现在一线教师可以推动的、可以落实的、可以策划的各种具体措施中时，我们所追寻的完美教室，和一般意义上的教室又有什么不同呢?

如果仅仅是一个名称的改换，那么，不管称为“班集体”，还是称为“教室”，都没有任何意义。所有概念的改变，一定要为这个新概念注入新的内涵，才能让这个新概念在践行中鲜活、丰满、成熟起来，由此才可以推动新概念在生活中的真正复活，就像一个理论的种子，最终要在现实的土地上才能结出美好的果实一样。

所以，对完美教室的特点，可以归纳为如下几个方面：

第一，完美教室的阅读，不仅是知识的积累方式，也是全体成员共同的生活方式，更是核心成员深度的精神共建方式、精神交流方式

我们已经进入了一个终身学习的社会，现在，人们对于知识的需求比以往对于知识的需求要多得多。一个人如果不掌握一定的生活技能，如果没有真正懂得如何去学习，那么，连正常的生活都有可能受到影响。

阅读之于完美教室，对教师而言，是教师不断提高自己的专业能力、不断丰富自己人生阅历的一种方式。

阅读之于完美教室，对孩子而言，更是培养孩子的自学能力、为其更高一级的学习积累丰富的知识背景的一种方法。

阅读之于完美教室，对父母而言，首先是要把所有的父母培养成为支持阅读的人；其次，希望通过亲子共读，通过父母互荐，把所有的父母培养成为热爱阅读的读者。

这是从知识积累的角度阐述的完美教室的阅读。这一点，仅仅是完美教室阅读的最基础的部分。

完美教室的阅读更需要去功利化，让阅读从知识积累变成人们享受人生的一种方式，让每个人像吃饭、睡觉一样，自然而然地把阅读作为一种生活方式。只有这种去除了功利的阅读，才可以在“无用”阅读之中实现阅读之“大用”。

最重要的是，完美教室的阅读是希望把阅读变为深度精神交流的方式。

处于信息时代里的人们，生活节奏越来越快。人们本来可以通过信息共享，实现更多的交流，达成更多的理解。可事实上，泛泛的、浅浅的信息交流，并没有产生人们所期待的效果，反而造成了不少恶果，比如人们越来越感到孤独。

所以，我们期待以阅读为纽带，让完美教室中的成员进行深度的精神交流，并且在深度的精神交流中，互相碰撞、互相激发，产生更强烈的幸福感，同时在这样的幸福感的滋养下向外扩散幸福。只有在这样的深度碰撞、深度激发下，一个人才能激发出更大的潜能，才能实现更大的自我价值，才能让彼此的人生互相成就，进而变得更富有意义。

第二，完美教室的班级文化，不仅是文化的静态呈现，也是文化的动态生成。每个人不仅是文化的学习者、汲取者，也是用生命复活文化的践行者，更是用生命创造文化的传播者

在完美教室中，无论是静态的软文化，比如班诗、班歌、班名等，还是硬文化，比如窗帘、讲台、图书角、墙壁布置等，这些文化的呈现是必须的，也是教师和学生把精神生活外显的一种方式。

同时，完美教室强调班级文化是一个动态生成的过程。这种动态生成，一方面指的是班诗、班歌，在动态的过程中由学生演绎出来，由父母演绎出来，由教师演绎出来。这群人在生活的过程中，用行动践行着这些精神、这些文化。而他们所创作的一些作品，本身也应该成为班级文化的呈现部分。所以，一个真正的完美教室的布置，一定是丰富斑斓的；这种丰富斑斓，一定是生活中的创造与经典著作的引领相结合。比如，同样在图画的张贴上，完美教室里肯定有经典作品的呈现。无论是经典的书画作品，还是经典的摄影作品，它们都呈现一个教室的品位。与此同时，教室里一定还有学生、教师、父母的作品呈现。这些作品，或许稚嫩一些，但是所蕴含的生命气息，那种鲜活的、蓬勃的力量，将是一种无声的濡染。班级有这种动态的文化生成，那么教室中的每个人，不仅可以在班级文化建设的过程中不断学习、不断汲取，而且班级文化所呈现的每个部分，也应该成为每个人努力行动的原则。到了最高阶段，当然就是用不同的方式，把自己的所思所想，凝聚为一个又一个、一种又一种的作品，并在创造作品的过程中进行传播。

一间完美教室里，肯定有一群才华横溢的学生、教师和父母。这些学生、教师和父母，他们不停地写作、不停地摄影、不停地歌唱、不停地舞蹈、不停地演出。之所以会这样，并不是因为完美教室里的这群人比其他人更出色、更优秀，而是因为他们在完美教室的缔造中，本身渴望的班级文化成为濡染和引领自己的方向；同时，自己在这样的生活中，在这样的文化的感染下，也成了文化的一部分，成了文化的代言人。

第三，完美教室的班级管理，不仅有硬性的规章制度，更有软性的班训、愿景引领；不仅有外在的纪律约束，也有内在的习惯自觉；每个人不仅是规章制度的执行者，同时也是制定者和修订者

在完美教室的班级管理上，民主是一大特点。通过民主制定共同的公约，在制定的过程中，深刻地理解和认识这些规章制度，并且在这样的过程中反复地沟通与交流，从而为规章制度的执行奠定良好的基础。

这种班级公约，同时也应该是富有个性化的，并不是人云亦云的。这就要求我们在整个班级的定位之中，明确整个教室里所有人的愿景。因此，在硬性的规章制度的另一面，是软性的、却能更长时间使用的，也会发生着更好的约束作用的，促使每个人自我管理、提高自律能力的一种管理方式，那就是：牢记班训、愿景等，以习惯的方式，以互相督促或者自我约束的方式来践行。这样的管理也就是在违反规则之前的预先管理，是一种防患于未然的管理方式。

同时，在完美教室里，要践行“榜样加底线”的管理模式。榜样加底线是新教育在推动过程中总结出来的一种有效的教育管理模式。这样的模式在教室中同样可以运用。这种运用方式将在本书最后专门进行解读。简单地说，就是在管理的过程中，只表扬榜样、传播榜样的事迹，只制订每个人都能落实的底线，以积极的方式进行管理，把所有的目光聚焦到向上、向善、向真、向美的方向。

第四，对完美教室的课程研发，教师、学生和父母不仅是课程的参与者、执行者，也是课程的研发者、创造者

一间完美教室离不开卓越的课程，就像鱼儿离不开水一样。

完美教室，它只是一个物理上的空间，我们所希望的生活是精神上的生活，需要有丰富的原材料，有足够的素材，并且有足够良好的方式，只有如此结合，才能让我们的生活，尤其是让我们在教室里享受到的教育生活，变得多姿多彩。

在中国，普通教师会习惯性地仅仅把自己视为课程的执行者，而优秀教师则邀请学生和父母做课程的参与者，会在执行课程的过程中，尤其是在执行前先倾听学生和父母的意见，对课程进行适当的调整。但是，在完美教室中，教师、学生和父母，都应该是课程的研发者和创造者。

在完美教室中，不论教师、学生还是父母，都可以根据自身的个性、自身的特长、自身的爱好，创造出呈现自我精彩的课程。这样的课程，本身体现着一个人心灵的一个侧面。这样的研发和创造，与其说是研发、创造了课程，不如说是为心灵这一源头找到了一处“泉眼”，让自己的心灵向外部世界打开，并且滋养着外部世界。在这个过程中，无论教师、学生还是父母，将赢得强烈的成就感、幸福感。当然，生命的成长也自然而然地包含其中。

第五，完美教室的课堂，不仅是对已有知识的传播，更是面向未知的探索。它以学习为中心，让学生成为知识的探索者、教师成为潜能的发掘者、父母成为精神的伙伴

完美教室的课堂，是一个以现有的课堂为形式，在时间上和空间上又突破了地理上、物质上的课堂而向课外延伸的一种大课堂。

在完美教室里，在知识面前，教师不再仅仅是一个传道、授业、解惑的知识的拥有者，他和学生一起面向未知的知识，运用已有的知识形成的技能，通过运用而去探索未知。在这样的探索过程中，自然而然地运用了现有的知识，并回顾和掌握现有的知识，从而更好地去展望未来、探索未知。

如此一来，完美教室的课堂便以学习为中心，而不是以教学为中心，教师就能成为潜能的发掘者。

教师所发掘的潜能，包含着学生的潜能和自己的潜能。因为教师在这样的课堂上，是一个有心的旁观者，可以发现学生和知识之间产生的共鸣，由这一共鸣而点拨学生，在学生绽放光芒的那一刻继续挖掘。这样的教育，必然会呈现学生的个性特点，也会呈现学生的特长。同时，教师因为发掘学生的潜能，也就不断挖掘着自身教育的潜能。

教师这个职业最有趣、最鲜活的地方，就是每天都能与鲜活的生命相遇。尤其是年幼的孩子，更是希望的象征。而这个职业让很多教师感觉枯燥乏味的地方，就是自己无论怎样弥补教材的不足，自己无论怎样丰富和拓展所教的知识，毕竟一年又一年，所教的内容基本不变，也就很容易产生职业倦怠。

而一旦教师成为学生生命潜能的发掘者，成为自己教育潜能的发掘者，学生和知识相遇的时刻，也就是自己教育智慧发挥作用的时刻，这才充分体现出教师的意义、教育的力量。这样的力量越强，教师的成就感就越强。正是这样的过程，让一名普通的教师乐于挑战自我成为榜样教师，从优秀教师继续成长为卓越教师。这是一个漫长而又愉快的进取过程，而这个过程中耗时最多的，就发生在完美教室的大课堂上。

父母在完美教室的课堂上，应该成为学生的精神伙伴，而不是学习的助手。为什么父母在教学中的角色不能成为助手呢？这是因为，一旦我们把具体的学习工作交给了父母，那么，父母以非专业的教育素养和有限的教育时间，过于关注学生学习知识的时候，必然就会忽视了学生状态的营造、人格的塑造。所以，父母为课堂所提供的，就是一个精神伙伴所能提供的原动力。这种原动力是一种激励，可以让学生的学习状态饱满、精神状态积极、心理状态明亮。这样的状态，才是父母应该为孩子在课堂上的出色表现所奠定的根本和基础。

第六，完美教室的庆典活动，不仅是身心的放松、创造的呈现，也是心灵的凝聚、精神的洗礼

在每一间教室里，都会有无数的节日庆典，无数的课内、课外活动。这些活动本身能让学生放松身心，愉悦心灵，从而使教育生活张弛有度。

同时，这些活动本身也是教室中每个人的创造力的体现。因为我们在参与活动的时候，不管是体育活动还是文娱活动，不管是固定日期的元旦、中秋节等，还是阅读节、艺术节、文化节等自行约定日期的庆典活动，本身就是教室中所有人创作出来的作品。这是一间教室中所有的人，以不同的艺术方式呈现出来的自己的教育生活，呈现出自己多方位的成长。

我们更应该注意，完美教室里的活动，还应该成为心灵的凝聚之源。所有的集体活动，都可以通过集体的力量，让人们心和心更加紧密地相连，能够让人们在活动中少一些功利性的交往、多一些精神上的交流。所以，所有的庆典活动，都应该成为汇聚、凝聚人心的机会。只有这样，我们才可能让完美教室的凝聚力和内聚力越来越强。

庆典活动和日常生活不同，庆典活动是人们生活中小小的、美妙的停顿。庆典活动的仪式感，会让人们与日常生活短暂地分离，获得一种精神与情感上的升华。在庆典活动中，尤其是在有规律进行的课程化的庆典活动中，应该有意识地把它提高到精神洗礼的高度；把日常生活中所宣扬的文化、所提倡的精神，都在庆典活动中变成一种更为具象的呈现方式，以这种方式来涤荡平日逐渐积累的负面信息、消极情绪，从而让教育面对更为真实和开放的心灵。基于此，日常的任何教育教学工作，一定能取得更好的效果。

第七，完美教室里的家校共育，不仅是围绕学生组成的学习共同体，也是学生、教师和父母三方乃至多方组成的成长共同体，更是以精神共同体的方式、以数码社区等不同方法筑造的小小的精神家园

家校共育，现在已经成为教育界同仁的共识。完美教室中的家校共育较之一般的家校共育，有一些更为深入和独特的创造。

完美教室里的家校共育，并不是围绕着学生的学习进行。学生的学习，只是家校共育的一个重要组成部分。

完美教室里的家校共育，也不是只有学生、教师、父母三方。越来越多的教育专业机构、社会公益组织，都在从不同的角度，走进一间教室。

完美教室里的家校共育，是多方的共同成长。这种成长是以一间教室为出发点，却并不局限于一间教室。它是在这个网络时代，以互联网组建起来的数码社区、以线下研学形成的互助结对。通过这些不同的方式、方法，让人们因一间教室汇聚，并在汇聚之后，在共同成长中形成密切而深刻的精神交流。

而大家的交往并不会随着教室中学习的结束、学生的离开而终止。相反，通过这样的教室凝聚起来的人，会逐渐成为一个小小的群体，这样的小小的群体，会以不同的方式继续创造并拥有断断续续的却是超越功利的、纯粹而温暖的共同的精神生活。这样的精神生活，是人与人之间的互相激励、互相启发、互相支持，从而构成了人生中的驿站。

完美教室里的家校共育，是以美好的知识为核心，以学生、教师、父母多方共同学习、成长为方式，以共同的精神交流而最后形成的人生的精神家园。一间间完美教室，就是在广袤美好的精神家园中的一个又一个驿站。

第八，完美教室的生命叙事，不仅是对人或事留下的充满个性的历史记录，也是对过往的梳理归纳，从而影响、引领未来，更是对自我挑战、自我

成长的自我表彰，实现从个体到群体的灵魂共鸣

叙事是一种写作的体裁，而生命叙事指的是一种教育的手段。生命叙事在完美教室中，具有独特且重要的效果，是其他教育方式所难以创造的。

生命叙事，当然是一种记录。完美教室中的人员，可以用随笔等写作体裁，对各自生命中所经历的实践进行记录，进而反思、提炼，不断提高、不断成长。这样的记录，通常有生日叙事、年度叙事、月记、周记等不同方式。

生命叙事，也可以成为一种表彰。我们可以为一个人颁发生命叙事奖，这时的颁奖，就是对成长做出了一次总结。当组织管理者为表彰的人员书写生命叙事时，意味着这一次颁奖是对当事者的积极总结，同时也是对参与者的榜样教育。活生生的影响力、所形成的潜移默化的效果，是其他的教育方式所不具备的。

生命叙事，还可以是一次演练。也就是以生命叙事剧的方式，模拟人生片段，以戏剧的方式进行演出。这样的演出，是对关键抉择的时刻一次次进行锤炼，让关乎人格成长的关键时刻通过反复的模拟，形成深刻的感悟。

无论是生命叙事、生命颁奖还是生命叙事剧，其目标都是在呈现个体的丰富多彩的过程中，激发群体的灵魂共鸣。

这样的目标，意味着一间教室在不断地激发中、在不断地共鸣中，既有个性，又从诸多个性中提炼出共性；既保存个体的卓越绝伦，又形成群体的崇高厚重。这就是一间普通教室朝向完美教室跋涉的过程。

学会了准确地使用生命叙事，就真正掌握了用生命彼此交融、用生命彼此浇灌、用生命彼此滋养、用生命彼此成就的方式。通过这样的努力，就让教室超越了物理的存在，实现了精神上的永恒。

这种缔造完美教室的方式，以当事人影响当事人，以当事人引领当事人，以当事人守护现在、创造未来——这一切教育，都建立在自我教育、自我成长的基础上。这是一种人本主义的教育方式，也是一种在信息时代进行人格塑造的有效方式，更是一种完美教室中生命成长的呈现方式，也是一间完美教室的缔造方式。

二、区域推进技巧

第一， 视频宣传推荐法

现在听起来，宣传片是一个容易让人遐想的字眼。其实，从真实的生活来看，我们几乎每位教师都会使用 PPT，完全可以将 PPT 里面的图片导出，变成一段视频。利用这种简便易行、传播迅速、沟通无障碍的方式，让教师分享自己教室的视频，规范需要提供的材料的视频，可以比文字介绍更鲜活、更集中地传播完美教室的特点。这种方法，其实是给区域里每间完美教室、每位教师都建立一个档案。这样的档案，就是网络上的完美教室基地；而这样的基地，就超越了不同的学校，打造出不同的师生群体。

以这样的方式，就能让更多一线教师与所联络、所服务的那些学生和父母一起出现在公众面前。这是一位普通教师建立自己个人教育品牌的最好的机会。

第二， 完美教室学习法

所谓完美教室学习法，就是向完美教室学习。

当我们选拔出真正的完美教师的榜样，我们就应该为大家提供更多向榜样学习的机会，所以，每一间完美教室都应该是一个动态的、小小的学习基地，而我们应该在这样的过程中派出教师有针对性地进行跟班学习。

这样的学习过程，一方面是因为完美教室和其他的展示不同，只有走进一间教室中，我们才可以真正感受到这个教室生活、生命的气息；另一方面是因为完美教室必须在推广的过程中，才能发光发热，才可以真正起到完美教室应该起到的作用，让一群生命去点燃另一群生命、去照亮另一群生命。这样的学习过程，就是不断传播、照亮他人的过程。

对完美教室的缔造者，也就是对这一间教室的教师来说，我们特别希望他们能够有开放的心态，能够有海纳百川的精神，能够向光临完美教室的来宾进行学习，不管来宾是父母还是教师，不管来宾是领导还是一线工作者。所以，在教室里留下一个活页夹作为留言册，是非常有必要的。这样的留言册，可以为那些真正想留下意见的人提供一个发表意见的平台；也只有这样的留言，可以让他们在不同的时段，听到真实的心声。

如果是一个普通的记事本，那么，前面所写的一切可能将干扰后面的人的留言。所以，完美教室的留言本，每一个留言都应该在写下后不再开放给其他的参观者，而仅仅属于教室里的师生共有。

三、学校推进技巧

第一， 资源倾斜法

对于所有有意创建完美教室的老师，学校应该给予全力的支持，在所有工作上都应该对这样的教师进行倾斜。在日常工作中，我们召集完美教室的教师时，应该制订客观的标准，并且接受更多教师的申报，而不是用一个简单的数字，把绝大多数教师冷落在完美教室之外。

有的学校为了自己的实验成果，提出每个年级选两间完美教室，这样从做实验的角度来说，是一种有效的实验方式，既保证了两者之间的竞争，保证了实验品质不会因为一个人的关系而出现动荡，同时，也节约了实验的成本，让投入变得更小。

但是，新教育实验的特点在于它是以实验来点燃一线教育工作者生命激情的实验方式，也就是它呈现出来的、它所要求的更多的是精神的支持，而不是对物质的无限的追求。所以，在推动完美教室的过程中，我们更应该从教师的需求出发，这样才能鼓舞更多的教师。

所以，当申报的教师超过所提供的名额时，就要谨慎地对待。一般来说，批准所有的申报，同时根据学校已有的资源，结合教师具体的工作量对资助进行公平分配，是一种比较理想的选择。

第二， 集体积分法

完美教室是突出集体的一个项目，因此，我们应该充分地发挥这个特点，把集体在教育生活中的各个侧面纳入完美教室的评选中，通过更丰富、更细致的积分，让我们在推动的过程中有线索可循，也让我们的师生在推进的过程中能够不断前进。我们可以通过更丰富的细节，把完美教室的各个指标落实到具体的标准中，并且以游戏的方式开展评比。这样的积分过程，能够把完美教室的各项工作做进一步的细化和深化。

第三， 专家驻校法

现在进行的很多培训工作，都是以相关的主题，邀请不同的专家来进行。这种方法当然可以博采众长。但是，缺陷就在于这些专家无法根据学校的特点，进行更专业、更有针对性的指导。

专家驻校法是通过专家指导、梳理来缔造完美教室，最终塑造有灵魂的校园过程。驻校专家的主要工作是从不同的层面对完美教室进行梳理，协助每一位教师从自身的特点出发、从自身的爱好出发、从自身追求的方向出发，找到自己在教育中的立足点，找到自己文化的核心，并且把每位教师和学校文化有机地融合在一起，提供构架上的全面梳理。

通过这样的梳理，专家就能在一段时间内有针对性地对完美教室进行跟进指导。这样的跟进指导，不仅仅是针对完美教室的缔造，而且是教师的自我发现和不断成长，乃至于一次生命的觉醒。这样的专家驻校，耗费的时间相对来说比请专家来做一次讲座要长，但是能够真正地让专家为学校所用，借专家的大脑来思考学校的发展，为学校下一步的工作提供新的契机、新的指导。

四、教室推进技巧

对于教师和学生来说，教室就是另外一个家庭，在这个家庭里将会产生集体生活，通过集体生活中人与人之间的碰撞、交流，学会更多的知识，也学会更多的技能，更学会如何与人相处。

在完美教室的缔造中，教师是完美教室不可或缺的轴心，因而要推动完美教室的缔造，必然以教师为起点。具体的推动方法有以下几种：

第一， 家校合作法

一名教师可以不需要父母的合作上好一堂课，但是再出色的教师，没有学生与父母的合作，永远不可能缔造完美教室。所以，家校合作是完美教室的根基，是完美教室的底色，是完美教室的“接生婆”。

一名教师在缔造完美教室之前，首先要从理念、方式和方法上，做好家校合作的准备工作。一旦做好了家校合作的准备工作，就等于教师和父母双方形成了将教室打造为家园的共同心愿，尤其是对于年龄越小的学生，教师和父母起到的作用就越大；年龄越大的学生，尤其是高中生，在缔造完美教室的过程中，父母所能起到的作用相对而言会小一些，但也不是全无作用。

如何推进家校合作，在本书第十章有详细的阐述，所有推进家校合作的方法都是直接服务于完美教室的建设。

第二， 特色生成法

完美教室是事先有一个蓝图，然后逐步实现；还是先抛出一个问题之后，围绕着这个问题，师生共同去解决，这是困扰许多一线教师的一个问题。

我们应该把完美教室的建设，视为一个动态生成的过程。一个教师，自己的喜好、自己的定位，无论是有意还是完全无意，都必然会影响到教室里的学生，也必然会影响到一间教室的文化。而教师的生命也并非一成不变的，这才是教学相长的原因所在。

在缔造完美教室的过程中，一粒“种子”接受怎样的“阳光”，“阳光”从哪个方向照射进来；接受怎样的“灌溉”，“水分”中含有哪些物质；生长在怎样的“土壤”里，这片“土壤”是否有足够的营养等，这些特点造就了不同的完美教室。由同一位教师（哪怕是完全按照自己的设想）去缔造，最终呈现的完美教室的精神特质不可能完全相同，对年龄越大的学生越是如此。所以，在完美教室的缔造中，需要运用特色生成法。

“特色”指的是教师所拥有的“朝向”，尤其是面对年龄较小的学生，教师在缔造完美教室前，在心中要有一个或模糊、或清晰的愿景。这就是他所希望的、最后要实现的完美教室的特色。但是，这个特色并不是一成不变的，教师应该在此后生活的过程中，主动和学生进行探讨与梳理，重新回顾自己对完美教室的定位，从而汲取学生的智慧，继续在特色生成的过程中进行丰富和完善，甚至改变特色。从教师到学生，彼此之间互动的过程，是文化不断生成的过程，是特色不断凝聚、形成的过程。

这样去生成一间教室的特色，那么，这间教室在特色生成的过程中，就真正全方位地让教室成了可以承载教师和学生知识学习、精神追求的所在。

第三， 人人行动法

如果说，家校合作法是把父母调动起来，让父母的力量参与到完美教室的缔造中，那么，人人行动法，当然也包括父母，则更强调在缔造完美教室的过程中，如何让教室里的学生充分地、积极地行动起来。

这种行动，可以从老师的提醒开始。老师可以请每个学生寻找教室中不完美的地方，并且以自己的行动，或者提出建议，或者进行改正。这样查漏补缺，就集中了学生的智慧，更重要的是把学生的智慧融入完美教室的建设中，让完美教室真正成为包容所有人精神的所在，真正成为汲取所有人精神之精华的所在。

通过这样的人人行动法，让学生在参与的过程中、从行动中找到了集体共建的意义，同时也从行动中让自身得到了更快的成长；通过推动完美教室建设这一过程，加速了学生的成长；通过这样模拟的社会交往，更深刻地影响到学生各方面的生命成长。

第四， 课程深化法

“深化”是完美教室真正扎根的必然路径。一间完美教室，如果缺乏真正有深度的课程，那么，它的外在形式再绚丽、再吸引人，终究不过只有一个花团锦簇的外表，而不可能真正经得起岁月的检验，真正地去引领学生、引领教师、引领父母。

那么，如何深化课程呢？

课程就是通过精心挑选美好事物，通过反复锤炼教学技艺，教师和学生在“挑选”与“锤炼”的过程中，在课堂上进行精神生活的碰撞、交流，以至于产生共鸣。而父母、教师和学生则在这间教室中，通过大课堂及部分课堂，以及更多的课外活动，在相聚中拓展着教师的生活，丰富着教育生活，达到浇灌生命的目的。

这样的浇灌，最终将会让生命绽放，成为一朵有着自己的芬芳、有着自身色泽的花儿。

生命开放的时候，教室也就自然而然成为提供营养的土壤。这时的教室，会因为生命的绽放而芳香四溢；也只有把生命绽放在教室中，这个空间才可以被称为完美教室。

完美教室的缔造，所有的课程必须围绕着一个核心，那就是在这间教室里的这些活生生的人。以这些人的需求为核心，结合外界的需要，双方互相磨合、互相妥协，也互相拓展，让一个人在这样的不断冲突中，更丰富、更成熟。

当一个又一个的人在这样的空间中成就了自己，那么，这个教育的空间，这间原本普普通通的房子，也就可以被庄重地称为完美教室。

第五， 精神超越法

完美教室，自然是一间物理上的教室。事实上，物理上的空间总会随着时光的流逝而改变，更重要的改变，则出自这个空间里的人。

人们常说，“铁打的营盘流水的兵”。一旦一间教室里所有的学生和教师人去楼空，这间教室自然而然就不再是之前的那间完美教室。可见，一间教室之所以被称为完美教室，是因为在这间教室中，存在着永恒的部分，那是属于精神的部分。

精神上的教室，不会随着物理上的流逝、时空上的流逝而迅速发生改变。我们从现实的教育生活中早就发现，有许多榜样教师筑造的完美教室，当这群师生离开之后，他们仍然以不同的方式在精神上继续相聚。甚至有的班级连班级的QQ群、微信群等都没有解散，这些师生在分开一段时间后，还会进行聚会等活动。

这间已经不存在的教室，就是从精神上得以超越而诞生的完美教室，这也是给予一位教师的职业生涯最宝贵的财富、最珍奇的礼物。

行动九：

研发卓越课程

——源泉，智慧育人有道

行动定义

研发卓越课程，在执行国家课程和地方课程、校本课程的基础上，鼓励教师对教材进行二次开发和新的整合创造，通过课程的创新使教室成为汇聚美好事物的中心。在课程实施过程中带领学生经历体验、合作探究，建立知识与世界、与自我的内在联系，将所有与伟大知识的遭遇转化为智慧，从而使师生生命更加丰盈。

——摘自《中国新教育》

一、要点解析

第一， 对国家教材的深入运用

国家教材不仅仅是国家意志的体现，不仅仅是反映了一个国家的意识形态，更重要的是集中反映着这个国家的教育理念或这个地区基础教育的水平。

因此，国家教材所具有的特点，就包括教科书及其他的教学配套资源，这一系列的课程资源是应该在工作中更深入了解、认真思考、用心执行的。

对国家教材的深入应用本身就可以研发出卓越课程，具体有以下四个步骤：

第一步，从宏观上梳理结构。

现有的教材都根据不同的主题，区分为不同的单元，这是编写教材的专家为我们梳理的结构。

但是我们都知道，同样的一个素材，可以从不同的角度去理解、去运用，这就相当于一个厨师做饭，可以做成一鱼多吃一样。所以，一个教师从宏观上梳理结构，也就是从自己的教学上，看一看整体教材，进行具体把握，看看从自己的认识来说，是否可以把同样的素材根据自己的理解进行编排，用不同的方式重新组合，也就是说用同样的“一条鱼”，选择自己最擅长的做法，如是红烧还是清蒸。这样做的结果是，最后人们吃到的鱼是一样的，但是自己在做鱼的过程中，在烹饪的过程中，所获得的心理感受却完全不同，从而也会影响到效果的不同。

第二步，从微观上探索源头。

对国家教材，以及教材中的一些知识、一些文章，应该探本求源。

以现在语文课本上的课文来说，因为目前的教材编写和教学方法，都是把语言和文学紧密地联系在一起，并用同一套教材呈现出来，这对编写教材的专家，提出的是很难、很高的标准。而在教学中，如果我们能够把专家编写过的课本里的文章与原来的文章对照着进行阅读，甚至是把这样的文章提供给学生，让学生丰富视野，并对专家的改编进行探讨，就能够用更细致、更深入的方式，让微观上探索的源头成为活水，让学生更积极主动地、更丰富立体地、更深入地了解教材，就能够取得课程研发更好的效果。

第三步，结合学生特点梳理。

举例来说，同样一本教材，里面涉及农村生活的那一部分，可能农村的学生就会更容易理解，这就是学生的特点，既包括学生的生活特点，还包括学生的心理特点。同样的教材、同样的一篇文章，结合班级学生当下的兴趣点，如何去引入、如何激发学生的兴趣，从而让学生在课程执行的过程中，更加积极主动地去探索，这些都是在任何教材的编排中都不可能真正实现的。但是在课程的执行中，却是最为关键的环节和步骤，将教材与学生结合是每一位教师必须要掌握的技能。

第四步，抓住难点重点突破。

在课程执行的过程中，有主线、有副线，有主有次，才能够做到张弛有度，才能使教师和学生在对课程的研发和执行的过程中以一种饱满的、良好的状态，一直推进下去，从而取得良好的效果。

重点和难点不同，重点指的是课程标准中所要求学生需要掌握的部分，而难点指的是学生在学习中需要进行突破的部分。

重点和难点都应该成为我们在课程践行中的主要骨干环节。

其他的就可以采用顺其自然的方法，尽可能地循着学生的兴趣，随机展开。这样就能保证在国家教材深入应用上取得卓越课程。

所以，研发以国家教材为主要内容的卓越课程，这是一线教师需要掌握的第一项，也是基础的、根本的一项技能。

这四步，听起来好像需要花费很大的精力。其实在执行的过程中，因为可以用不同的方式、方法并且用很长的时间来执行，而且因为教材的更换比较缓慢，所以在操作的过程中，使用一定的方法就可以完全避免这种劳心费力的局面，从而让所有的一线教师都能轻松地掌握这项本领。

第二， 对国家教材的改进补充

教材是一种教学的材料。它具有权威性和经典性，而也正因为权威性和经典性，会带来一些问题。

这些问题促使我们在用第二种方式研发卓越课程的时候，是以对国家教材的改进和补充来进行的。这些改进和补充大致分为以下几个方面：

对于教材内容偏难的部分，需要补充更为浅显的文章，来为学生搭建一个“梯子”，让学生更容易了解教材中的内容。

对于教材形式比较单一的部分，需要补充一些趣味性更强的类似的内容，并且以趣味性更强的内容导入形式比较单一、内容比较枯燥乏味的内容中。

对于教材生活气息不强的部分，就应该结合学生的学校生活、班级生活、家庭生活等，进行一些相关生活内容的补充，以此促进学生对生活的理解、对文章的理解。

我们还需要补充最新的相关知识，因为知识的发展总是日新月异的。在各种学科中，我们要及时补充最新的研究、最新的探索、最新的发现，从而最大限度地把学科知识的魅力呈现在学生的面前。

我们还应该改进教材中的各种实验、各种需要进行拓展的部分。

教材中需要拓展的部分，只是为我们接下去的创造提供引子。我们应该完全根据这个线索，积极发挥自己的能动性进行改进，结合学生的心理特点，结合当地的特色环境与自己的特殊爱好，对这些方式、方法进行有效改进，这样才会取得更好的课程效果。

还有一种改进就是改进教学方法。同样的课程，采用不同的教学方法会取得不同的效果。

综上所述，对于教材内容比较枯燥的部分，我们应该用趣味性比较强的内容进行补充，并且应该以这种内容导入为例，充分激发学生的学习兴趣，以这样的目标首当其冲改变我们的教学方法。从学生的角度进行思考，从学习的角度进行思考，不断改进教学的方法，就会不断提高课程实施的效果。

第三， 对个性课程的随机探索

所谓随机探索，指一位教师结合自己的爱好，把自己的爱好充分运用到教育中，形成特色的课程。这种把自己的兴趣爱好用于课程的做法是一种最简便、最有效，也是最容易让教师感到幸福、获得成就感的非常高明的做法。

在这样的课程研发中，因为教师自身对某一方面有着特殊的兴趣爱好，本身就积累了相关的课程资源，教师在准备的过程中所需要的时间、精力相对会比较少；同时，因为教师对自己的兴趣爱好是最容易有幸福感的，在研发这样的课程中，也必然对研发课程充满了喜悦。这样，两者相结合，就为一位教师研发课程提供了最有力的两大支柱。

一位教师，从这个起点开始，“两条腿走路”，是很容易激发起研发课程的兴趣的。一旦有了兴趣，再进行随机的探索，就很容易将一个执行型的课程变成一个研究型的课程，进而变成一个研发型的课程。

我们应该明确：想让教师成为一个研发型的教师，最基础、最有效的办法就是对特色课程进行随机的探索；这样探索与积累到的经验，就可以在教师接下来进行合力研发、创新课程的过程中起到宝贵的奠基作用。

第四， 对创新课程的合力研发

新教育实验有许多独特的课程，也有许多课程适用于不同的项目方式，在各个实验区、实验学校、实验个人进行推进，比如“听读绘说”，比如整本书共读，比如四季诗韵，等等。这些课程，就属于创新课程。这些创新课程，是对国家教材、国家课程的有益的补充，这些课程就是我们平时常说的校本课程、班本课程。

但是，我们之所以把它归为创新课程，是因为在基于国家课程标准的基础上，希望学生能在各个方面有所突破、有所创造。我们希望以整本书共读来促进学生人格的塑造；我们希望借助“听读绘说”项目，促进学生习惯的养成；我们希望用电影课程，推动德育的开展。

这些创新课程，最能体现出一个教师或者说一个团队的实力。有无数的榜样教师，会下意识地把创新课程视为挑战，甚至有许多榜样教师已经在自己的教育教学中推进了很多、研发了很多，也执行了很多类似的课程。

在这里，我们对这一类课程研发提供的建议就是：合力研发。

我们在工作中常常可以发现，有许多个体，无论是教师、学校，还是一个实验区，在进行创新课程研发的时候，很容易出现贪多嚼不烂的情况，而这正是研发课程的大忌。所有的课程，一旦能够称之为课程，必须要往深走，否则就只是一些材料的堆砌而已。在创新课程的研发上，特别呼吁：大家一定要有“伤其十指不如断其一指”的观念，一定要集中力量围绕一个课程先进行彻底的突破。这样，研发这一个创新课程所积累的经验，就完全可以复制到研发其他课程的经验上。

如何合力呢？就一个地区来说，我们有非常成功的案例。比如山西绛县，作为一个经济并不太发达的地区，在研发课程上，尽管有着非常丰富的文化资源，可是碍于物质条件，研发课程时遇到很多阻力。鉴于这种情况，绛县成立了不同的主题工作室，把全县优秀的、致力于相关主题研究的教师集中在一起进行集中突破，以这种集中优势兵力、单独突破的方式，实现了很好的课程研发效果，如《印象山水》等课程便为新教育实验提供了丰富的资源、丰富的经验。

一所学校也可以集中全校之力，做法和以上所述的区域性的做法类似。

那么，具体到一位教师该如何合力呢？这里就要特别提到专业共同体，教师成长中的专业交往。

教师成长在新教育中被分为两个层面：职业认同和专业发展。

在专业发展中，又分为专业阅读、专业写作和专业交往。

所谓专业交往，包括两个方面：一方面，在结交朋友的时候，结交的是相关的、志同道合的朋友；另一方面，更重要的是，对于所结交的朋友，是以专业的方式、专业的方向、专业的主题去和对方沟通。在专业交往中，我们要注意，并不见得对方一定是教师，才可以给你提供专业的交往，而是你要围绕你所从事的教育，围绕你正在关注的教育主题，将所有能够为你提供相关知识的人，都作为你专业交往的一部分。在这一点上，我们要有意识地认识到，对创新课程的合力研发就意味着一个教师可以通过网络，可以通过现实，可以通过不同类型的学习共同体、成长共同体，与志同道合的教师共同约定研制、研发卓越课程。大家熟悉的郭明晓老师，她就在研发课程的过程中，通过网络和好几个不同的群体进行沟通和交流，从而研发出了不同的、相应的课程。

还有一种方式和方法。朋友资源比较多的教师，完全可以根据自己研发课程的需要，去向不同专业领域的朋友提出自己的需求，从不同的视角切入这个主题，然后集思广益，实现课程的研发。比如，西安的胡盈老师（木槿树老师）就在研发课程时，采纳了博物馆方面的朋友的建议，同时在博物馆课程的研发中接触到了更多的朋友，这些朋友也成了她的博物馆课程的丰富的资源，成了她博物馆课程的专业交往者。

二、区域推进技巧

第一， 组队攻关法

利用假期时间或者利用教师培训时间，组织全地区的“精兵强将”，围绕教材进行资源整合，深入研发课程。这种课程研发是一个区域课程研发的根本，而且具有一劳永逸、集体分享、效果明显等特点。这样的课程研发基本上决定了这个区域整体的课程质量。在目前的情况下，我们可以非常清晰地看出，作为个体要承担相当多的教学任务，而且个体视野、个体经历、个体能力都是有局限的，因此，可以把实验区的研发作为集体对于教材的一种深度的研发，也可以把它作为一种对教材的深度拓展。

第二，　课程超市法

开设“课程超市”，激发更多学校的力量，鼓励学校研发课程，并且进行相关的评比、比赛；同时把一些优秀的课程向全地区的其他学校进行推广，开展培训，鼓励大家使用。这相当于一个自助、互助的课程研发机构，它盘活了学校和学校之间的资源，真正把本地的团队更好地运用于课程研发之中。

第三，　专题招募法

专题课程招募，发现专业人才。采用课程专题发布的方式，可以发现体制外“民间的”专业人才。因为区域工作的特性，不太可能对个体有特别深入的了解，所以尽管所有的老师都在一个区域中工作，可是具体到某个教师，他真正拥有怎样的能力，并不是所有的人都很清楚。而借助一个又一个的专题课程，以“事”的方式来汇聚相应的人才，这样的工作方式便能够最大限度地打破层级的限制，从而让真正的专业人才脱颖而出，能够在更大的范围内展现出自己的力量。

第四，　名师带动法

如果说招募是为了发现专业人才，那么平时在区域中，通常都会建立名师工作室，把课程研发和平时对工作室的管理工作、激励工作结合起来，对名师工作室以研发课程为目标进行规范管理，扎实推动。

很多名师工作室的名师虽然具有一定的水平，而且各个机构也给予了相关的支持，但是，在实际工作中，有的名师发挥的作用大，有的名师可能并没有真正发挥“传、帮、带”的作用。所以，就研发课程这些具体的工作，可以对名师工作室提出具体的工作要求，从而达到以做事来规范管理的目标，以更务实的研发与推广，实现名师工作室和课程研发双丰收的大好局面。

第五，　培训延伸法

为了更好地研发课程，当然有必要举办各种各样的培训，请来相关的专家对课程的各个方面进行更加深入透彻的指导。但是在培训中，我们常常会发现，培训就像一阵风，或者像一阵雨，风过了、雨过了，心动一动、地皮湿一湿，接下去并没有收到太多的效果。而把课程培训和研发课程相结合、把研发课程作为课程培训中的一个作业，这样的方式能够让专家培训更有指导性，能让专家结合实验区具体的工作，更彻底地贡献自己的智慧；同时，能够让老师们在参加培训的过程中，有的放矢，更有助于老师们有目标地学习，从而达到更好的学习效果。通过这样的方式，也能研发出更好的课程。因为在专家甚至是专家现场指导之下所研发的课程，当然会具有平时不太容易达到的效果，质量会比平时要高。

第六， 民间能人法

中国地大物博，每一个地区都有着悠久的历史。所以，任何地域，只要愿意去找，都能够找出自己的地域特点、地域文化，都能找得到相关的民风民俗、相关的专家能人。

依托地域特点，开门兴办教育，向外招募专家。这些专家可能不像我们平时所认识的那样高高在上，这些专家可能就藏在我们身边，甚至深深地藏在民间。一个地区可以依托自己的地域特点，向当地广泛地招募相关领域的专家，也就是把地区文化研究者、地区历史研究者、地区人才三者相结合，再以教育为出口，以课程研发为手段，就能真正把课程变成一个选编和传承文化的载体。

三、学校推进技巧

第一， 特色招募法

每一所学校都应该有自己的特色，这一特色就是学校的灵魂，也是学校的立身之本。学校课程研发，首先要做的就是校本课程研发。要围绕学校特色，号召校内校外的人员共同努力，并招募相关的专家，投入最多的资源。学校特色课程越精细、越深入、越透彻，就越能够让学校文化真正扎根。所以，学校研发课程是首要任务，是应该倾学校之力去做的。

第二， 特长助力法

教师的特长各不相同。在这种状况下，一名普通的教师要想研发一个优秀的课程，是难度比较大的挑战。作为学校，要想发挥教师的特长，就有义务协助有特长的教师组建团队，提供一定的财力，提供相当的时间，协助这样的团队，全力支持研发。发挥教师特长，就是在为学校打造榜样，将起到引领式的效果。

第三， 资源深挖法

家校合作共育是一个深挖父母资源的好方法，而课程研发则是一个把父母资源变为教育资源、教育行动的必不可少的过程。深挖父母资源，可以根据父母的特长进行相关的课程研发，也可以根据父母所能吸引到的其他资源进行相应的课程研发。

必须要注意的是，在课程研发中，父母并不是通常以为的家校合作共育的那种好父母，即那些能够为活动提供钱、提供权、提供支持的父母。在课程研发中，需要的是有着自己真正的爱好、有着扎实的技能，尤其是有着突出技能的父母，根据这些父母的技能进行新的课程研发。

第四， 培育激励法

每位校长或者每所学校的课程规划，都会有自己希望研发的课程主题。这些课程主题，有可能有人带队进行研发课程，也有可能并没有相应的人员进行课程研发。

在工作中，应该以集中主题、公开寻找研发者的方式去发现并且培养人才。教师在刚刚走上课程研发道路时是不自信的，需要学校助推一臂之力。在发现老师有热情的时候，学校就应该进行培养，为其提供更多的学习机会、更多的相关帮助。这样的教师培养，会让一位教师渐渐走上研发课程的道路。

虽然这是一个漫长的过程，但是，当一个教师意识到自己能够成为一名课程研发者时，其对于课程执行的理解，自然会更为深透；对于课程执行中的一些细节，把握得也一定会更好。

所以，这种方法有可能并不能起到立竿见影的效果，但是培养教师研发课程的过程，一定会使教师在实践课程的能力方面有所提升，学校的教育教学工作会随着课程的研发走上新台阶。

四、教室推进技巧

教师个体研发课程有很多种方式，我们特别希望教师能够更智慧、更巧妙地研发课程。除了前面所说的运用共同体的方式，即在专业交往中注意用两种专业交往的方式来为自己研发课程铺平道路，还有几种方法也能为教师在研发课程、实施课程中提供一些有益的借鉴，以帮助教师尽量做除法，而不是一直做加法、不停地叠床架屋。

第一， 二次研发法

教材是每个教师在教学中第一个要面对的。以国家教材为纲，整合主题、融合资源，进行二次研发，是教师应该做到的根本工作。如何运用国家教材，从而更好地完成二次研发呢？

上面说了很多种方法，归根结底，对国家教材的二次研发，虽然从网上可以找到许许多多的资料，但什么资料才是最有效的呢？所以，在对国家教材的二次研发上，有一句话可能最为实用：世界上不是缺少美，而是缺少发现美的眼睛。

作为教师的根本工作，在对国家教材的课程研发中，我们应该意识到这是一件“磨刀不误砍柴工”的事情，并不是每一年、每一天都需要用同样的精力投入其中。恰恰相反，一旦在研发国家教材的课程中掌握了研发课程的方法，那么后续无论是自己创新的课程，还是围绕自己的个性开展的课程，都可以非常轻松地完成。

第二， 个性定位法

一个老师，自己喜欢什么；一个老师，自己希望在哪些方面进行深入的探讨……这些都是值得老师重视的。甚至有的老师爱美，喜欢化妆、喜欢着装打扮，照样可以研发为相应的课程。不管是从美育的角度，还是从美术的角度，我们都可以把这些课程变成学生喜闻乐见、老师自己兴致盎然的课程。所以，找准个人的定位，就能够轻松、愉快地投入到个性课程的研发中。

要充分发挥个性，找准个人定位。光影阅读课程、绘本写作课程、儿童哲学课程……这样的个性课程，就是一位教师的教育名片。尤其是学科教师，在缔造完美教室上力量不如班主任强大，就要特别重视这张教育名片的打造。

第三， 特色活动化

平时学校会举办很多活动，很多教师常常感叹时间太少，总觉得自己的时间被瓜分得零零碎碎。所以，把特色活动课程化，这不仅是研发课程的问题，它还能够解决教师在实际工作中，遇到时间、精力被分割得七零八碎的问题。简单地说，每个学期都会有相当多的节日，比如元旦、重阳节、国庆节、教师节等，如果每个节日都安排一次活动，那么整个教学工作都会被这样的节奏打乱。如果能够以统一、整合的眼光来看待这些活动，把这些活动有机结合起来，进行课程式的深入研究，那么在仪式感、内容和形式上，就既有统一的整体，又有不同的执行；既能节省教师的精力，还能够更好地保证活动的质量。

第四， 问题中心法

在研发课程时，教师常常会走入一些误区，会觉得身边的万事万物都可以引入课程中。这当然没有错，而且这是研发课程到了一定的程度后常常会出现的一种现象。这时，从实际问题出发去研发课程，就会有更好的效果。

针对班级存在的问题，尤其是存在的具有普遍性、根本性的问题，存在的特别难以攻克、解决的难题研发课程，比如，当班风不好、学风不良的时候，就利用电影课程，通过一系列的电影课，能够短、平、快地扭转这样的局面。这样的课程，效果大大增强、成功率大大提高，教师个人的成就感就会提高，教师研发课程的兴趣也会进一步高涨。

第五， 自主设计法

在研发课程中，教师当然是主体，但是特别要注意的是，对于一个班级，父母和学生都可以自主设计、研发课程。这样的过程需要教师进行引导，比如提供主题，请父母根据自己的特长、爱好进行一些简单的、个性化的课程；比如教师设计活动，由有相关特长的学生主动进行相关的展示。这些课程特别适合中、高年级的学生自主完成，低年级段的学生则需要父母协助。比如北京一位教师开展的儿童大讲堂，这样的课程就完全让学生根据不同的主题进行深入研究。这不仅减轻了教师在课程研发上的负担，还能大大激发父母、学生参与其中，最后，“教”的是学生，“学”的是父母和教师。教师还可以在这样的课程学习中，更丰富、简便地完成知识更新。因为在很多时候，许多父母和学生，他们都对世界有不同的视角，他们所提供的一些课程，往往连教师都为之惊叹。

行动十：

家校合作共育

——家庭，激活教育磁场

行动定义

家校合作共育，家校共育是学校文化建设和制度建设的重要内容，指通过亲子共读、新父母学校、家校合作委员会等形式，强化家校共育机制，建立新型的家校合作方式，发挥父母在学校教育和家庭教育中的作用，为学生的成长创造良好的条件。

——摘自《中国新教育》

一、要点解析

孩子就像一株植物，按照生命的节律慢慢成长。根扎在家庭中，果结在教室里；家庭教育是土壤，学校教育是施肥、浇水。两者结合才能相得益彰，才能收获最美的教育之果。在日趋纷繁复杂的社会环境下，家校共育工作越来越受到学校的重视。

在新教育实验中，家校共育工作有以下几个特点：

第一， 强调深度融合渗透在所有教育环节之中

家教和阅读并称为新教育实验工作的两大基石。家校共育，是教育教学的无形帮手、隐形的力量。在家校共育中，把家庭教育的熏陶和学校教育的目标有机结合起来，并且在各环节彼此沟通、彼此融合，就能取得更好的效果。

比如，在本书第一章介绍的“家庭好书展”活动，完全可以作为家校共育的特色活动，在每学期的开始、期中、期末各开展一次。每个学期，孩子在成长，展出的书的种类和层次会有变化，家庭阅读品味也随之变化，间接地促进了父母重视孩子的阅读习惯的养成，关注孩子阅读能力的提升。

首先，这种深度的融合，需要制度的保障。学生父母应该派代表参与到学校里的各项工作中来。无论是学校里的课程设计，还是大大小小的各类活动；无论是智育，还是德育、美育，都应该有父母的身影，他们和学校的教师共同商议、共同制订相应的规则。随后，学校推行的所有工作，在父母的层面，就由这些父母代表或家校委员会的代表负责落实。

其次，这种深度的融合，需要资源的保障。无论是人力、物力，还是财力的资源，在父母自觉自愿的前提下，都可以深度融合，让父母和学校并肩奋斗。

最后，这种深度的融合，需要执行的保障。在执行的过程中，学校和家庭双方都互相坦诚相待，同时为对方具体的执行提供更多的支持。

第二，强调多方共育，特别尊重儿童权利

在新教育实验中，家校合作共育中的“家庭”和“学校”，指的是学校教育和其他不同教育、不同相关代表的总称。在学校，专业教育工作者为一方，家庭中的父母为一方，学习中的儿童、未成年人为一方；家庭或者学校所在的社区为一方或者两方；还有社会上的公益机构、相关的组织等为一方，这些有利于教育的人员、机构、团体都是家校合作共育欢迎的对象。这样的多方共育，打开大门做教育，就能把教育做大，就能最大限度地融合、汇聚各方的资源和力量，从而赢得更多的支持，就有了在最短的时间、最快超越自我的可能，从而达到事半功倍的效果。

在这个过程中，特别强调的是要尊重儿童的权利。儿童作为受教育者，在传统的观念中，是没有什么权利的。但事实上，中国早在1990年就成为联合国《儿童权利公约》的签约国，1992年成为该公约的批准国。儿童在教育中的权利应该在家校共育的过程中得到鲜明的体现，尤其是在新教育实验的开展中，在家校共育的各项政策的制订过程中，应该把儿童作为独立的一方来专门听取儿童的意见，从而让儿童尽早知道自己的权益、懂得维护自己的权益，也懂得如何协调、如何与各方合作。

第三，强调“智慧爱”，根据体系框架共同学习成长

在家校合作共育之中，我们特别强调“智慧爱”。“智慧爱”的“智慧”指的是科学、理性，“爱”指的是感性、情感。希腊语中，“哲学”原来的本意就是爱智慧，而“智慧爱”将哲学的本意颠倒过来，其实也蕴含着以“智慧爱”作为一种教育中的爱的哲学，以此来体现教育中对爱的特别的需要。

在“智慧爱”这一概念的观照下，无论是对教师、儿童，还是对父母来说，都需要在家校合作共育的过程中，共同学习、并肩成长。在共同学习的过程中，要特别注意家校合作共育所要学习的内容需要完整的体系框架，而不是简单地头痛医头、脚痛医脚，也不是简单地为了举办活动而举办活动，更不是简单地为了应付某些检查而举办活动。在这样的坚持中，家校共育才会取得滴水穿石的效果。因为一旦做好了家校共育工作，推而广之，我们会通过一所学校影响其周边的社区，影响当地的社会生活，从而为教育营造出一个小的、良好的生态环境；一旦一所学校通过一段时间的坚持，营造出一个良好的教育生态环境，接下来，学校就会持续而长久地造福当地，并且逐渐向社会辐射出强大的影响力。所以，家校合作共育工作，不是简单的“1+1>2”，而是打开校门做教育，从而把“小教育”做成“大教育”的突破式的教育成长。

第四，强调地位平等，各方均应主动提供相关的各类支持

真正的家校合作共育，如果想取得良好的效果，必须建立在相关各方绝对的平等上。只有意识到相关各方的平等，才有可能在决策的过程中真正充分地民主调研、公平讨论、公正决定。

在家校共育的过程中，首先要从意识上认识到平等；其次，要从制度上规范好平等；最后，要从执行中细心维护好平等。在推动的过程中，因为这样的平等制约，相关各方可以真正守住各自的边界，从而使得各方都能提供自己拥有的一切。学校可以从教育专业上提供更多的学术支持，父母可以从人力上提供更多的支持，社区可以从物力上提供更多的支持，儿童则可以从精力、智慧上提供更多的支持，多方围绕一个共同的目标，走在了一起。这个目标是育人，而“育人”育的不仅仅是孩子，所有相关的人都会获得自我教育、自我超越，从而不断成长。

二、区域推进技巧

第一， 新父母学校

新父母学校，是一个父母们以多种形式进行系统学习的组织机构。

自2004年以来，新教育实验就开展了这项工作，颇有成效。新父母学校的工作接受家校委员会的指导，一方面，学校运用这个学习场地，向父母传播优秀的家庭教育理念、有效的家庭教育方法；另一方面，让学生父母通过这个平台，进行更丰富的学习，彼此之间互相交流、互相学习。在实际工作中，就像人们常说“自我教育是最好的教育”一样，父母们通常会自认为是个整体，父母与父母之间的教育，以及心态、目标相似，心灵距离最短，也类似于自我教育，会取得良好的效果。

真正的新父母学校，是让父母在继续学习中不断成长，把所学运用到全部生活中，其学习效果不仅体现在配合学校做好家庭教育的工作上，更体现在让自己在学习中知识得到丰富、精神得到升华、行动力得到提高，从而进一步改善自身生命状态，提高全家人生活品质。

第二， 萤火虫工作站

萤火虫工作站是一个立足阅读、推动教育，立足教室、影响社区、辐射社会的公益项目。一般情况下，由具有教育智慧的教师担任站长，负责对阅读指导等教育内容的把关和引领；由具有爱心的父母担任负责人，承担组织事务等各项日常工作，为全国父母们提供亲子阅读指导，研讨各类家校教育问题。

在中国社区文化尚未兴起、全民教育素养普遍偏低、社会诚信缺失的不利背景下，萤火虫项目逆向而行。该项目从个体、从小事做起，以亲子阅读为突破口，以融洽家校关系为切入点，以教育反哺社会，以个体汇聚群体，以每天早晨的“新父母晨诵”、每天晚上的“天天喜阅”、每周三晚上的“新父母全国讲座”、每月一次的“萤火共读”、各分站自行不定期举办的网络共读及线下活动等诸多内容齐头并进，取得了良好的效果。

绝大多数萤火虫工作站都由教师担任站长，这些萌生于教室、萌生于学校的“萤火虫”，逐渐飞舞进社区乃至市、区图书馆，如河南焦作、内蒙古宁城、山东青岛、浙江温州、陕西西安等诸多萤火虫分站，都应当地图书馆之邀，成为驻扎在图书馆中的阅读推广团队，由图书馆常年免费提供场地和各类支持。萤火虫工作站迄今举办数千场公益活动，受众达600多万人次，不仅推广了阅读，更向全社会传播着先进教育理念，推动着全民阅读向全民教育的提升。

在各地区建立萤火虫工作分站，有着得天独厚的条件，能够以“四两拨千斤”之势，推动家校合作共育的深入开展。

三、学校推进技巧

第一， 家校委员会

新教育实验学校成立的“家校委员会”，和一般学校成立的“家长委员会”，尽管完整的名称上只有一个字的不同，缩写都是“家委会”，但是在内涵上有着本质的不同。

“家长委员会”，不仅使用了含有封建专制色彩的“家长”一词，而且从名称上缺少另一个主题——学校，委员会从而沦为学校的附属机构。

“家校委员会”，从名称上就定义了家庭和学校双方的平等。尽管从组织机构上，委员会必须依附于学校，但在开展工作的过程中，双方均是以独立主体进行合作。

家校委员会是一个主要用于父母参与学校决策、进行教育理念相互沟通的机构。这个机构分为学校、年级和班级三个层级，可以综合解决关于家校合作制度建设及其他具体项目上的宏观问题。在这样的架构中，让学生、父母与学校在上层建筑上融为一体，从而由上到下给予一个优秀的顶层设计。

对于家委会的组成，应有相对完善的组织架构。现行的学校家委会，在组成中大多由教师根据个人好恶来决定班级家委会的组成，并且在实际操作中，绝大部分是根据父母的职业、职务决定的，很少考虑到根据父母的教育观来组成家委会，从而直接影响甚至决定了年级家委会、学校家委会的组成。

四川省宜宾市人民路小学从 2015 年起就出台规章制度，请学校家委会参与学校学期计划的制订工作，参与学校大型活动的决策，取得了良好的效果。从平凡走向优秀难，从优秀走向卓越更难。该校作为一所各项工作都在当地名列前茅的优秀学校，继续突破的动力不足、阻力很大。因为把家校共育工作视为全新基石，让学校真正实现了自我提升、自我超越，如今学校不仅在教育系统中备受认可，影响力还向全社会蔓延。该校的外墙已成为真正的教育墙，包括家校共育在内的各项工作，在墙壁上不断展现，成为一道让当地居民流连的教育风景线。

第二， 家校互访法

家校互访，就是家校双方深入彼此的教育现场。

家访是以前的学校在推动家校交流时采取的有效的做法。信息时代到来后，学校一度用电话、网络代替了家访，或者以把父母请进学校来交流代替教师走进学生家里进行交流。如今，许多有识之士已经发现了取消家访的弊端。人们发现，当用语言无论怎样沟通都说不清楚的事情，教师亲自到学生家中，看一看学生日常的生活环境，感受与学生父母的交流方式，以及学生父母的一言一行、一举一动，甚至是无声无息间，就能够捕捉到问题的根源。所以，家访就是教师深入家庭教育现场，是一项无可替代的重要工作。

校访是指学校规定开放日，向父母开放，邀请学生父母走进校园，深入学校教育现场。父母可以在开放日中推开任何一间教室的大门，到各个教室去看一看学校生活的细节，了解教师的教学和学生的学习情况。

家校互访可以增进家校双方的了解和信任，为其他工作的顺利开展奠定坚实的基础。在具体操作中，还可以与其他家校共育活动相结合，取得更好的效果。

四、教室推进技巧

第一， 新父母课堂

新父母课堂是指把学生父母请进学校来当老师。这是一种简单、方便的方式，通过不同的内容，可以实现不同的教育目的，达到不同的家校共育效果。

如前所述，新父母课堂可以与学科融合，具有不同学科兴趣特长的父母，可以成为老师的助教。

新父母课堂可以与阅读结合，成为“故事父母”开展阅读活动的载体。

新父母课堂可以成为课程研发基地。有特长的学生父母，可以在课堂上对孩子们进行相关技能的展示和传授。这样的新父母课堂为父母展现自己的才华搭建了一个舞台，也为学校特色课程资源提供了一个途径。

新父母课堂可以成为班级举办新教育十大行动之一——“聆听窗外声音”时最简便、最经济的做法。父母资源就是专家资源，可以在新父母课堂中举办讲座、请优秀的父母现身说法，讲给其他父母或者孩子听。

在开展新父母课堂的工作中，必须特别注意：并非一般意义上的名人父母、精英父母才有必要进课堂。

有些条件一般的学校，尤其是乡村学校，对新父母课堂很担心，认为学生父母素质不高、水平不高，他们怎么进课堂呢？其实，早有实践完全回答了这个问题——有一所乡村的新教育实验学校，把当农民的爸爸请进了学校，请入了课堂。农民爸爸在课堂上讲述自己如何种地，孩子们不仅对种地的知识有所了解，而且对当农民的家长更加理解、更加佩服。这位爸爸有了这次经历后，增进了对教师、对教学的理解，从那以后更加关注家庭教育，更加积极投入到家校共育之中。

所以，新父母课堂并不是要名人父母才可以做的课堂，而是三百六十行、行行父母都能进课堂。哪怕没有任何才能的父母，都可以担任一次“故事父母”，到课堂上给孩子们讲故事。当然，在进课堂之前，父母要做精心的前期准备，才能保证课堂的精彩呈现和良好的后期效果。

第二， 共读共赏共写法

共读是新教育最早推行的课程。无论是晨诵项目的诗歌诵读，“听读绘说”项目的低年级段图画书阅读，还是中、高年级段的整本书共读，均有利于让学生通过阅读，提高自身的思考能力、学习能力等。

在家校共育的共读过程中，对共读的多方将有更大、更鲜明的促进：一是能够促进家庭氛围、家校氛围的改变，在人际关系中促进了心灵的沟通、精神的交流。二是能够促进共读的多方互相理解，营造良好、积极的人际关系。其中，良好的亲子关系和师生关系会立刻转化为激发孩子上进的动力。三是共读过程中势必会进行讨论，这些讨论不仅可以帮助学生形成良好的深度阅读的能力，帮助学生形成一种积极思考的思维方式，而且会让学生的素养有所提升。同时，这些讨论同样将促进共读的多方在精神上的碰撞，无论父母还是老师，都将在碰撞的过程中接受美好精神的洗礼，由此获得更为深切和持久的幸福感。

共赏，指的是父母、学生或者教师共同欣赏一部影视作品。共赏的作品以优秀影片为主，因为影片时间长短合适、主题相对集中，特别适合共赏的多方在有效的时间内收到最好的家校共育效果。我们在新教育电影课项目研究中发现，优秀影片是人生思考的浓缩，人们特别容易被电影震撼，从而打开自己的心扉。在对共同问题的讨论过程中，人们不会牢记自己的社会身份和角色，而会针对作品角色进行更加公平、客观的思考和讨论，从中收获自己人生的感悟，减少矛盾、增进交流，特别适合向忙碌的父母们推荐。

新教育种子教师、淮安市天津路小学王艳老师利用 QQ 群开展线上“每周一部好电影”活动，影响广泛，深受各方赞许。她担任年级组长后，举办了每学期一次以年级为单位的“亲子电影课”，也赢得了全年级父母的喜爱。她以电影为纽带开展家校共育工作，让学校教育延伸到家庭，让家庭连接着学校，在家校的双向连接中，自然而然地形成了教育效果的最大化。

共写，是优秀的新教育实验老师开展家校共育的绝招。它需要投入的精力较多，但取得的效果也很好，对教师来说，往往还会获得额外的奖赏。许多新教育的榜样教师都因为坚持共写而出版了自己的著作，如郭明晓的《各就各位，准备飞》、顾舟群的《改变，从习惯开始》等。

一般来说，共写分为三种：家校信、家校便签、随笔接龙。

家校信，通常每周一封。由老师总结日常教育生活，把全班集中表现的、需要得到关注的问题，在周末和全班父母进行沟通，父母们要及时回复。

家校便签，不定期写作，基本上每天一次。老师把每天突发的事情，用便签的方式和父母进行交流。

随笔（日记）接龙，可以自行约定时间。由学生记录，父母和老师紧随其后，分别写下对话或评论。

以上的共写，可以与学生的作业相结合，让学生在作业本上完成；也可以与网络社群结合，利用网络平台来开展。

共写，就是生命叙事的初级积累阶段。通过共写，以叙事的方式进行梳理，让人们在抒发感情的过程中，观察变得更加敏锐、情感变得更加细腻、思考变得更加深邃，让所有人的人际关系变得更加融洽、圆满。

尾声：

“三板斧”突破教育瓶颈

我们不能从每一个平凡的日子中得到教育的幸福，那么就无法立即拥有教育的成就感；不能从过程中拥有这样的成就感、创造这样的幸福，就必然只把眼睛盯在最后的结果上。而盯着最后的结果，路途又是遥远的，在此过程中，因为教育实验本身就像有机肥一样，会消耗我们更多的时间和精力，自然而然就难以坚持。

突破教育创新的瓶颈状态，就像程咬金一样，只用“三板斧”就足够，那就是：用理念转换角度、用方法提高效能、用坚持省心省力。

第一板斧：用理念转换角度

用理念转换角度非常简单。比如，要推进新教育，那就是把新教育的宗旨真正烙印在心里，真正深刻地去理解它的价值和意义，真正把它作为自己的理想。一旦把“幸福”和“完整”作为自己的理想，就可以对照转换不同的视角，看待教育生活中出现的种种问题。有了正确的理念，就相当于有了一个准确的标杆，在使用这样的标杆的时候，不断地一点一点地对照、一点一点地梳理，就能够对现实生活有一个更清醒的认识。

有了更清醒的认识，并不意味着马上就可以改变所有不尽如人意的一切。因为现实毕竟是现实，冰冻三尺，非一日之寒。但是，当我们意识到这一点现实和理想的差距的时候，往前走一步，就缩短了一步的差距；往前走十步，就缩短了十步的差距……只有这样转换了视角之后，我们才可以信心百倍地、幸福愉悦地感受到自己今天的行动所带来的了不起的效果。这样，我们就能够换一个角度看世界、看教育。

第二板斧：用方法提高效能

教育是一门科学，在不断地演变中。在此，完全可以用洗衣机来举一个例子。洗衣机被誉为20世纪最伟大的发明之一，这个小小的工具，却把无穷无尽的人力从日常生活中解放了出来。你家里有洗衣机吗？你平时是怎么操作洗衣机的呢？大家都知道，家里有一台洗衣机，操作起来非常简便，能够帮助自己从本来需要很长时间才能做完的家务事中解放出来。但是，如果你的家里有一台洗衣机，可是你不懂得使用洗衣机的方法，结果会怎样呢？结果显然就是洗衣机摆在家里，占据了空间，但是它对于你的生活一点用处都没有，因为你没有学会使用洗衣机的方法。

所以，在教育创新的实验中，我们完全可以把教育创新的实验理解为一台洗衣机，它是一种工具，因为在教育研究上的一切创新，可以用来帮助我们提高教育教学的效能。

但是在提高之前，我们必须掌握教育创新实验的操作方法。比如，操作这台洗衣机，只有掌握了操作方法，才可以提高效能。否则，拿洗衣机当洗衣盆来使用，那就体现不出洗衣机的优越性，甚至连平时用盆子的方便都没有了。

在推进教育创新的实验中，方式、方法的重要性绝不亚于对理念的理解。因为所有正确的理念，必须通过正确的方式、方法才能顺利地得以实现；而如果一个人坚持用正确的方式、方法，那么在天长日久的实验过程中，很容易提炼出正确的理念。

第三板斧：用坚持省心省力

人们常说坚持是最难的，为什么？在教育实验推行的过程中，为什么坚持却是省心省力的做法呢？原因是：教育是一门综合的技艺，一旦要调整，势必就会牵一发而动全身。近些年来，有很多新教育实验的区域曾经表示，之前做了很多很多探索，但是并没有真正坚持下来。因为一阵风式的教改太多了，而每一阵风刮过，都有一整套全新的东西要梳理。

第一，在坚持这点上，省心省力指的就是贯彻理念与掌握方法后，埋头耕耘，不用再想其他，就坚持按照这条路走下去、少折腾。少折腾他人，也就是少折腾自己。这样的坚持就会像《犟龟》中说的那样，即使遇不见第一场庆典，也肯定会在正确的道路上遇见其他的庆典。

第二，坚持的含义指的是对教育本身规律的探索。教育科学就像有机肥一样，但是世界上毕竟还存在着一种叫化肥的事物。为什么化肥曾经大行其道呢？因为化肥一经诞生，人们立刻发现它取得的成效非常迅速、非常明显。这就像为什么应试教育一度被人吹捧一样，抓应试教育的考试，对孩子进行反复地训练，结果也就像古文中的卖油翁一样，“无他，惟手熟尔”，成绩迅速提升。

同样用化肥来做比喻，之所以人们现在越来越发现有机肥胜过了化肥，其原因在于人们发现尽管化肥见效快，可是从远期效果来看，使用化肥不仅对农作物效果没那么理想，而且还会损害根本，损害了土壤的肥沃。如果用农家肥、有机肥料，不仅能够让植物的成长更为从容，结出的果子更为甜美，就连土壤也不会变得贫瘠，而是会在种植的过程中逐步肥沃。

这种坚持，需要我们选择一种教育的创新模式。比如，选择新教育实验去开展的时候，开始都是艰难的，正所谓万事开头难；开始时的效果都是不尽如人意的，就像开始施加农家肥一样，不会立竿见影地看见效果。但是一旦经历了一个短暂的坚持之后，我们就能够发现，它取得的效果绝对不同。

坚持，不仅不是一个耗费体力的过程，而是一个越做越省力、越做越省心的过程。其中所需要的，只是在开始到中间的那个阶段、在我们遇到瓶颈的时候，能够有所坚持，就足够了。

其实，教育的种种问题，归根结底是一个问题。因此，所有教育创新必须以牵一发而动全身的意识进行完整的理解，才能在工作中互相照应，产生事半功倍的良好效果。

以新教育实验的“十大行动”为例，整合之后可以表述为：新教育“十大行动”，以“家校合作共育”为优质高效的基础，以“聆听窗外声音”为推进助力，以“建设数码社区”为工具，以“营造书香校园”“培养卓越口才”“师生共写随笔”等主要形式“研发卓越课程”；通过“推进每月一事”进行全面梳理，以“构建理想课堂”为重点呈现，从而“缔造完美教室”；通过一间间教室的真实改变，让与此相关的每个人都过上幸福完整的教育生活，从而创造并拥有幸福完整的人生。

如此行动，我们将在真实的积累中，推动中国教育从根本处改良、从整体上发展。

如此行动，我们将最终发现：人生，就是一种幸福、完整的教育生活。

2017 年 6 月 29 日一稿

2018 年 5 月 27 日二稿

附录：

童喜喜主要创作年表

2003 年 5 月

《爱乱了》 童喜喜/著 中国电影出版社出版

著名评论家、武汉大学博士生导师樊星评论：“在‘新生代’中，‘生在红旗下，长在欲望中’的，大有人在，却不可能是全部。有许多出身贫寒的大、中学生还在社会的底层为了生存而拼命奋斗，这样的人比起已经过上了‘小资’生活的青年，当不在少数。如何写出压力下的坚守、迷惘中的坚韧，也许是‘新生代’文学的新突破口所在。《爱乱了》在这方面做出了积极的尝试，意义不可低估。”

2003 年 7 月至 2013 年 12 月

《嘭嘭嘭》新幻想系列 童喜喜/著

春风文艺出版社、中国少年儿童出版社、新经典文化股份有限公司先后出版。已出版《嘭嘭嘭》《再见零》《玻璃间》《小小它》《影之翼》《织梦人》《我找我》7 册。

该系列为童喜喜的童书代表作，适合小学中年级至初中学生阅读。

获冰心文学奖、国家新闻出版广电总局向全国青少年推荐百种优秀图书、全国优秀畅销书奖、团中央“五个一”工程奖、国家“三个一百”原创优秀作品奖等奖项。先后入选多种读书大赛必读书目，如 2004 年“亲近母语读写大赛”必读书目，第五届沪、港、澳与新加坡四地中学生读书征文活动必须参考书目等。

2004 年 4 月至 2009 年 7 月

《魔宙》系列　童喜喜/著

由古吴轩出版社、中国少年儿童出版社先后出版。已出版《因为有你》《彼岸初现》《流年行歌》3 册。

该系列为全景创世纪式绮幻小说，获全国优秀畅销书奖、思考乐最佳幻想奖。

2006 年 6 月至 2018 年 1 月

《百变王卡卡》系列　童喜喜　李西西/著

接力出版社、江苏少儿出版社、浙江大学出版社先后出版。已出版《一朵花的森林》《甜甜的淘气老师》《吃掉铅笔来跳舞》《蒲公英飞过城市》《你找不到我》《幸福的秘密》《好听话大合唱》《雨天其实也有阳光》8 册。

该系列为幻想类校园小说。

著名儿童文学作家、评论家徐鲁评论：“我相信，这些妙趣横生的故事，足以吸引每一个渴望快乐、轻松和幽默的小孩子，能使他们从装满了太多的作业和教辅读物的书包里，从电子玩具、网络游戏、卡通节目、钢琴和 New Concept English 里走出来，呼吸一些真正的童真的气息，感受到彻底放松的快乐。同时，从这些洋溢着儿童游戏精神的故事里，我们也能充分感知创作者那呼啸的想象力、从容的创作智慧，以及对一些新型的、独立的、从儿童本位出发的儿童观念的期待与呼唤。”

2008 年 9 月至 2017 年 3 月

《网侠龙天天》系列 童喜喜/著

由中国少年儿童出版社、二十一世纪出版社先后出版。已出版《给老师当老师》《班长打擂台》《王牌对手》《神秘的幸福基地》《天使在人间》《亲亲一家人》《小侠在行动》《明星奇遇记》8 册。

该系列为网络题材的校园小说。

首度提出"网商"概念（网络智商 + 网络情商），由"中国教育学会 IAP 中小学生素质大赛""百度宝宝知道"及诸多教育家、阅读推广人权威推荐。获《中国少年报》选拔试读会小读者票选第一名，入选北京阅读季"最受青少年喜爱图书 100 种"。

2011 年 5 月

《那些新教育的花儿》 童喜喜/著

记录了参加新教育实验的人们的诸多探索，从一个个具体人物的喜怒哀乐中，折射出中国教育的现状与思考。

2014 年 6 月至 2015 年 1 月

《新孩子》系列之《新教育的一年级》 童喜喜/著

二十一世纪出版社出版，已出版 12 册。儿童文学短篇小说集。融合文学与教育，首创"故事之内有故事、故事之间有课程"的形式。全套书中 144 个故事，均取自当下的真实教育案例，并在故事中又融合近 90 个经典图画书故事。

入选《中国教育报》"教师喜爱的十大童书"、全民阅读年会 50 种重点推荐图书等。

《这一群有种的教师》 童喜喜/主编 湖北教育出版社出版

新教育种子教师，特指童喜喜联合发起的新教育实验“种子计划”公益项目中汇聚的一批一线教师。他们遍布全国各地，一边耕耘，一边研发，是一支充满生活激情与教育智慧的生力军。

该书荟萃了全国新教育种子教师在一线教学实践中的教育经验、教学心得、成长感悟，由童喜喜逐篇点评。

2017 年 7 月

《新父母孕育新世界》 童喜喜/著 湖南教育出版社出版

该书为教育理论著作。

中国青少年研究中心家庭教育首席专家、研究员，中国教育学会家庭教育专业委员会常务副理事长，首都师范大学特聘教授孙云晓评论：“我认为这是新家庭教育领域一部分量很重的论著，是作者用诗人的激情与教育专家的理性来探索新家庭教育的富有新意的佳作。《新父母孕育新世界》是一本难得的好书，是一本志存高远，眼界开阔，对世界、对未来负责任的一本书，是一种生命的思索和感悟。”

2017 年 9 月

《十八年新生》 童喜喜/著 湖北教育出版社出版

该书为教育纪实散文。

该书记录了童喜喜从一位写作者到一位教育公益人，从一位专职儿童文学作家到一位资深教育研究推广者，从 1999 年资助失学女童开始的 18 年中，在教育上的探索行动。

IBBY 国际儿童读物联盟副主席张明舟评论：“童喜喜和她的伙伴们对教育、对教师、对儿童的深切关爱和超人般的努力和实践，使我在阅读期间数次哽咽甚至落泪，为他们的艰辛，为他们那份热爱和执守。”

2017 年 10 月

《童喜喜说写手账》系列　童喜喜/著　电子工业出版社出版

适合小学中、高年级至初中学生阅读。

该系列图书为童喜喜独立研究 8 年，带领 20 余人的名师团队集体攻关编写、数易其稿而成的心血之作，是“童喜喜说写课程”的权威读本。该书以贴近生活的主题文章和电影，激发写作兴趣；以深入浅出的导读，引领全面思考。每本书均配有 100 个以上的作文题目和提纲，有助于养成学生出口成章的说写能力，为学生赋能，为教师助力，为父母分忧。

入选《中国教育报》2017 年度“教师喜爱的 100 本书”。

2018 年 7 月即将出版

《你的好，我知道——童喜喜教育诗选》　童喜喜/著　山西教育出版社

该书为诗集。

身为专业作家，童喜喜在十余年的阅读推广、教育研究生涯中，为教育和教育工作者写下了大量诗歌，饱含着对教育的热爱、对建设者的歌颂、对未来的向往。部分诗歌在报刊发表，许多诗歌在各类培训中被一线教师诵读，并在网络上广泛传播，深受读者的好评。

后记：

行动未必幸福

身为专职作家，因资助失学儿童而走进教育界，迄今已经19年；偶遇新教育实验开始担任义工，迄今也有9年，时间着实不短。

自然非常熟悉新教育实验的一句口号：行动就有收获，坚持才有奇迹。

这句口号，的确是真理。不过很少见人追问：这是怎样的行动？收获了什么？

就算是同样的坚持，收获的结果也可能大不相同：有的奇迹叫惊喜，有的奇迹叫惊吓。

愚蠢行动只会缔结苦果，智慧行动创造幸福未来。

特别感谢我拜访过的新教育同仁和并肩前行的新教育团队的伙伴。我所记录的，与其说是我的思考，不如说是大家的智慧。

特别感谢山西教育出版社雷俊林社长、刘立平总编、潘峰老师多年以来的关怀。邂逅美好，传播美好，是我这一路前行的动力和职责所在。

特别感谢新教育发起人朱永新老师、美国麻州大学终身教授严文蕃老师、新教育研究院常务副院长陈东强老师的肯定与推荐。教育研究之路，我只是刚刚起步，会更加用心，好好学习。

去年6月10日，我完成了家庭教育理论专著《新父母孕育新世界》之后，余兴未尽，从6月15日开始写作，14天完成本书初稿。未曾想，定稿竟是一年后的5月27日。转眼就是一年，真是时光飞逝！

这本书，要特别献给您，我敬爱的、亲爱的、可爱的教育一线的伙伴们——您，是我心上的你。

我越来越懂得，和文学相比，教育注定是一条更为崎岖的路。无论您是老师、校长还是局长，不同的教育一线岗位，同样会遭遇各自的困境。

教育理论只有转化为实战方法，才能成为真实的武器，捍卫教师的尊严，赢得教育的幸福，进而创造美好的明天。

理想和骗子都喜欢说远方，所以我希望自己一直在你身旁——无论您是谁，无论您在哪里，如果您遇到什么难题，除了您自己努力之外，还可以联系我一起努力。我的电子邮箱：yhctxx@126.com，微信公众号：tongxixi512。

文学让我成为我，教育把我变成我们。同心同行，无怨无悔。

爱您的：童喜喜

2018年6月20日凌晨